AGIR SANS ATTENDRE

Notre plan pour le climat

Alain Grandjean
avec Marion Cohen
et Kévin Puisieux

AGIR SANS ATTENDRE

Notre plan pour le climat

Préface de Nicolas Hulot

Éditions les Liens qui Libèrent
Fondation Nicolas Hulot pour la Nature et l'Homme

Remerciements

Nicolas Hulot, l'équipe de la FNH, Ollivier Bodin, Amandine Lebreton, Gael Giraud, Antoine de Ravignan, le journal *Alternatives Economiques*

Les économistes signataires de l'appel et les citoyens ayant signé la pétition pour « libérer l'investissement vert ».

ISBN : 979-10-209-0724-0

Préface

Bousculer les dogmes pour sauver l'essentiel

IL Y A MAINTENANT PRESQUE 30 ANS, j'avais une approche « environnementaliste » du monde. J'étais préoccupé par les espèces qui disparaissent, par la désertification, la déforestation, ... Je ressentais que la nature était agressée et que les préjudices qu'on lui infligeait allaient crescendos. Et puis, tout ce qui était de l'ordre de la perception et des craintes est devenu de plus en plus concret, de plus en plus immédiat. Les crises écologiques, alimentaires, économiques, financières, sociales se sont succédées, s'alimentant et se combinant ; jusqu'à la certitude que ces crises n'en sont en réalité qu'une appelant une réponse systémique. Jusqu'à la certitude aussi que c'est, ni plus ni moins, l'avenir des êtres humains qui est en jeu. Pour la première fois, l'Humanité est face à un destin commun.

Et nous sommes aujourd'hui collectivement dans une phase décisive. Le GIEC nous l'a encore rappelé dans son dernier rapport : le temps presse. L'heure est à un « effort de guerre » sans précédent pour le climat et la biodiversité si nous voulons nous éviter le pire. Cet effort de guerre, ce sont les centaines de milliards d'euros d'argent public et privé (l'un permettant notamment de mobiliser l'autre) à trouver chaque année pour libérer l'Europe des énergies fossiles – pétrole, charbon – gaz naturel.

Nous ne sauverons pas le climat sans l'Europe

Pourtant, même l'Union Européenne, qui fait certainement plus pour le climat que beaucoup d'autres régions de la planète, semble frappée de tétanie face à l'urgence d'agir pleinement. Mon expérience ministérielle a fini de forger une conviction profonde : la transition écologique et solidaire – car il n'y aura pas de transition sans justice sociale - est entravée par une pratique inadaptée des règles budgétaires européennes. S'il faut entendre l'exigence de coordination, de sérieux et de transparence qu'implique la construction européenne - qu'il faut chérir - l'Europe a besoin d'intégrer dans son raisonnement budgétaire les impératifs climatiques. Pas pour faire n'importe quoi ou faire chacun dans son coin. Non. Mais pour faire ce que nous devons faire pour sauver, ensemble, l'essentiel.

Les traités européens ne sont pas un obstacle

Le livre d'Alain Grandjean et ses coauteurs Marion Cohen et Kevin Puisieux, qui est l'aboutissement de travaux et de réflexions collectives, a cela de décisif qu'il trace un chemin d'action pour tout changer sans tout casser. Il démontre avec soin les marges qui existent dans l'interprétation et l'application de règles budgétaires que quelques ayatollahs influents prétendent intangibles. Et il fait converger les analyses sur l'opportunité même économique d'agir dans cette période de taux d'intérêts très bas.

Ce travail est véritablement la pièce manquante à des initiatives de poids en faveur d'une nouvelle étape de la construction européenne. De la lettre ouverte aux européen.ne.s d'Emmanuel Macron au Pacte Climat-Finance de Jean Jouzel et Pierre Larrouturou, tous ces efforts d'influence butent sur la nécessité préalable de convaincre une majorité de chefs d'États européens.

En montrant qu'il est possible d'agir depuis un ou plusieurs pays seulement, Alain Grandjean, Marion Cohen et Kevin Puisieux rendent irrecevables les tergiversations et offrent un argument décisif pour faire bouger les lignes en Europe. Car, si de nombreux sujets divisent profondément les européens, la bataille climatique les fédère de plus en plus, notamment les plus jeunes : cette « génération climat » qui refuse de se taire devant le futur que d'autres lui dessinent.

Agir sans attendre ne serait alors pas un acte de division, mais le premier pas d'une œuvre collective.

Nicolas Hulot

Introduction

La Terre est notre capsule de survie dans l'univers. Prendre conscience de sa fragilité provoque tout de suite un profond sentiment de vertige. Entre nous et le chaos, la frontière est fine. Entre le monde de la dernière ère glaciaire, et celui du milieu du XIXe siècle, l'écart de température global est de cinq petits degrés.

Depuis cette dernière période, nous avons déjà fait croître cette température de + 1,1 °C. À moins d'un virage complet dans les toutes prochaines années, la route vers les + 3 °C ou + 4 °C semble toute tracée. Le vertige n'en est que plus grand, tant les conséquences en sont désastreuses et rapides. Pourtant, l'humanité continue de déverser toujours plus de gaz à effet de serre dans l'atmosphère. Nous avons émis entre 2 % et

3 % de plus de CO_2 en 2017 qu'en 2016. Et si en 2015 les dirigeants des pays de la planète se sont réunis à Paris pour s'engager à ne pas provoquer un réchauffement de plus de 2 °C, rares sont ceux qui osent y faire encore référence, tant l'écart entre ce qui est accompli et ce qui devrait l'être est abyssal.

Emprisonnés par les énergies fossiles

Pourtant, il est en théorie encore possible d'y arriver et de préserver l'avenir de l'humanité sur la Terre. Le dernier rapport du GIEC[1], publié à l'automne 2018, a conditionné ce succès collectif à un changement drastique des modes de développement les plus polluants.

Pour l'Europe, terre des principales innovations de l'ère des énergies fossiles, remporter la bataille climatique a tout de l'œuvre de civilisation. Tout changer sans tout casser, telle est la ligne de crête que nous sommes amenés à suivre. Certes, si l'Europe agissait seule, l'horizon dramatique ne serait pas nécessairement évité. Mais l'inaction du premier marché de consommateurs mondial marquerait une défaite assurée.

Notre continent a tout à gagner à cette transition vers une économie sans énergie fossile. L'impact global sur le climat, l'impact plus local sur notre santé, nos eaux, nos sols, notre dépendance géopolitique de l'importation de ces matières depuis des pays pas toujours recommandables ni stables et notre assujettissement à

1. Groupe d'experts intergouvernemental sur l'évolution du climat.

des énergies dont le coût évolue au gré des spéculations financières érigent les murs d'une prison dont il est urgent de s'échapper.

Mais, pour ce faire, l'Europe doit cesser de chérir sa camisole de règles budgétaires dépassées. Il est en effet plus que démontré que cette mutation sans précédent de nos économies ne se fera pas sans un programme massif d'investissements privés et publics, bloqué par cette camisole. Et il devient malheureusement évident que nous devrons aussi investir pour protéger les populations du changement climatique en cours, mais que des conventions comptables surannées nous en rendront également incapables !

L'Europe joue à «1, 2, 3... Soleil!» avec l'extrême droite

Le relatif *statu quo* européen en matière climatique a un goût de déjà-vu. Depuis plus de dix ans maintenant, la construction européenne est frappée d'atrophie. Le miracle de la paix entre des nations jusque-là irréconciliables prend des airs de parenthèse historique. Partout sur le continent, la droite extrême et l'extrême droite retrouvent la voie du pouvoir. Elles dirigent en Hongrie, en Pologne. Elles sont membres de coalitions en Autriche ou en Italie. Elles sont de retour dans les parlements en Allemagne et probablement bientôt en Espagne. En France, elles rassemblaient plus de 11 millions de voix en 2017. Et toutes ont en commun de déconsidérer l'État de droit et la transition écologique et sociale.

Mais dire le risque pour notre démocratie ne suffit pas à tracer un chemin politique. Depuis 2011 et le virage de l'austérité, l'Union européenne s'est enfermée dans un fétichisme budgétaire marqué par une dangereuse obsession du très court terme comptable. Depuis lors, la scène semble se répéter sans cesse. L'Europe joue à « 1, 2, 3... Soleil ! » Elle ne bouge pas, ferme les yeux et répète à chaque fois une même formule. Puis se retourne, constatant ébahie l'avancée inexorable de ses adversaires.

La doxa budgétaire contre la transition écologique et solidaire

En France, le court-termisme budgétaire s'est heurté à un mur politique. Malgré une sortie « triomphale » de la France de la procédure pour déficit excessif en juin 2018, deux coups de semonce ont fortement retenti dans le pays.

La démission fracassante de Nicolas Hulot, le 27 août 2019, donnait l'alerte, comme rarement auparavant, quant à l'incompatibilité de cette doctrine de court terme, obnubilée par la baisse à tout prix des déficits, avec le besoin financier de la transition écologique. Puis vint le mouvement des Gilets jaunes, celui des ronds-points occupés par des femmes et des hommes que beaucoup pensaient incapables de s'organiser et donc de contester des choix fiscaux objectivement injustes. L'étincelle que représenta la hausse de la fiscalité écologique sur les carburants venait sceller le sort de la taxe carbone version « Hollande-Macron », dont les recettes, importantes et en hausse, devaient permettre de tenir « en même temps » les engagements de réduction du déficit et les promesses de baisse de certains impôts (ISF, *flat tax*, taxe d'habitation).

Libérer les investissements verts

Contrairement à ce que partisans du *statu quo* et experts du chamboule-tout européen veulent croire ou faire croire, il est possible de changer profondément la donne sans avoir à casser les traités européens. Le problème est en effet moins technique que politique. Les marges de manœuvre existent et ce livre est une invitation pressante à profiter des flexibilités que les traités autorisent.

Agir pour fédérer tous les autres

Évidemment notre souhait est qu'une dynamique collective des pays européens s'enclenche pour sauver le climat, et l'esprit de justice auquel aspirent nos sociétés. Mais, parce qu'il n'est pas judicieux de tergiverser, nous insistons sur le fait qu'un seul pays volontaire peut enclencher la dynamique. Il ne faut pas voir ici un réflexe chauvin, qui n'aurait aucun sens quand il s'agit de lutter contre le changement climatique. Nous appelons à étendre à l'ensemble des nations ce que la jeune Greta Thunberg a entrepris. Elle a commencé seule une grève pour le climat. Ils sont aujourd'hui des centaines de milliers à l'imiter à travers l'Europe et le monde, pour la simple et bonne raison que la cause qu'elle porte ne divise pas. Au contraire, elle fédère.

Aucune règle ne nous empêche d'agir. Alors, au regard de l'impasse politique, économique et climatique dans laquelle nous sommes, le plan que nous proposons représente l'une des voies de sortie les plus sûres.

PARTIE 1

L'IMPASSE DANS LAQUELLE NOUS SOMMES

La lutte contre le changement climatique est une course contre la montre que nous sommes en train de perdre. Chaque jour nous prenons du retard sur la transformation de notre modèle de production et de consommation. Comment expliquer cette situation alors que les Européens ont une forte conscience de la menace qui s'annonce, et que leurs gouvernements ont pris des engagements ambitieux à Paris en 2015 ? Comment comprendre cet écart entre la lenteur de l'action et l'urgence, alors que les fondations mêmes de nos sociétés sont remises en cause par le changement climatique et l'effondrement de la biodiversité ?

Ces 55 à 85 milliards d'euros annuels dont nous avons besoin pour le climat

De quel retard parlons-nous ? Nous voulons nous concentrer sur la question cruciale des investissements. Créer une société de la sobriété, bas carbone, nécessite paradoxalement un déploiement massif d'alternatives au monde des énergies fossiles – charbon, pétrole et gaz naturel. Opter pour la sobriété dans notre consommation de chauffage et de climatisation requiert de rénover et d'isoler des millions de logements. Choisir la sobriété dans notre façon de nous déplacer exige entre autres le recours à des solutions de rechange, collectives ou individuelles, à la voiture essence et diesel. Ce n'est pas par des appels à la vertu que chacun de nous pourra réduire les émissions de gaz à effet de serre ni la consommation d'énergie que son mode de vie induit. Même si un comportement sobre est indispensable, il ne peut suffire à lui seul. Si notre véhicule consomme 8 litres aux cent et que nous en avons besoin pour aller au travail, l'écoconduite ne nous permettra pas de diviser par quatre notre consommation, mais simplement de la réduire de quelques pourcents. Il faudra investir, tant du côté de la puissance publique (pour améliorer et développer les transports en commun, mais aussi pour multiplier les bornes de recharge électrique) que de celui des ménages (par exemple en changeant de véhicule).

Même constat pour le logement. Plus spécifiquement encore, un ménage ne pourra réduire ou décarboner sa facture énergétique que si l'urbanisme et l'aménagement du territoire sont repensés en fonction de cette contrainte, alors qu'ils ont été conçus pour un monde d'énergie (le pétrole et le gaz principalement), considérée comme bon marché et indéfiniment accessible. Ce qui est vrai pour les ménages l'est aussi pour la production d'énergie, l'industrie et les services publics. Dans tous les cas, il faut modifier parfois lourdement les équipements et les infrastructures, pour atteindre des objectifs ambitieux. Quant à l'agriculture, elle aura aussi besoin d'investissements pour adopter des modèles durables ou agroécologiques, moins consommateurs d'engrais (le protoxyde d'azote issu des nitrates est un très puissant GES[1]) et de produits phytosanitaires, et plus pourvoyeurs de protéines végétales (il faut que nous réduisions notre consommation de viande rouge).

1. Gaz à effet de serre.

En bref, pour mettre en œuvre un modèle de développement compatible avec les limites de ce que peut supporter la planète, il faut investir plus, et autrement. Si, collectivement, nous ne répondons pas à cette urgence, la bataille sera perdue et il ne nous restera plus qu'à nous adapter individuellement. Les plus démunis seront les premiers à en pâtir. Il faut mettre beaucoup d'argent dans l'affaire. Nous verrons qu'il est possible de le trouver.

Retard à l'allumage

Le retard à l'allumage est une caractéristique commune à la plupart des pays européens. Malgré la difficulté à trouver des chiffres agrégés au niveau européen, on peut estimer en ordre de grandeur les besoins totaux d'investissements publics et privés. La Commission européenne évalue en effet les besoins dans les transports, la production d'énergie décarbonée, les réseaux, la rénovation des bâtiments et l'industrie à 1115 milliards d'euros par an pour la période 2021-2030 [1]. En ajoutant les calculs de la BEI [2] concernant la gestion de l'eau et la protection contre les inondations, la gestion des déchets, les infrastructures urbaines résilientes et la R&D [3] dans les transports et les énergies renouvelables,

1. *Commission staff working document impact assessment Accompanying the document Proposal for a Directive of the European Parliament and of the Council amending Directive 2012/27/EU on Energy Efficiency*, 2016, Tableau 22. Ce document est cité comme référence à la fois dans les rapports du HLEG (High-Level Expert Group on Sustainable Finance) et dans le rapport de la Cour des comptes européenne, *L'action de l'UE dans le domaine de l'énergie et du changement climatique*, 2017.
2. *Restoring EU Competitiveness*, Banque européenne d'investissement, 2016.
3. Recherche et Développement.

on atteint plus de 1 300 milliards par an (soit plus de 8 % du PIB 2017 de l'Union européenne). Quant au déficit de financement, il est, pour ces secteurs, supérieur à 300 milliards par an. Et ceci sans compter la nécessaire transformation de notre modèle agricole, la gestion durable des forêts et des espaces naturels, les activités de dépollution ou l'investissement dans une économie circulaire. On le voit au niveau européen, ce sont des centaines de milliards d'euros qu'il va falloir trouver ou réorienter pour mettre résolument notre économie sur le chemin de la transition vers un modèle économe en ressources, moins destructeur de la biosphère et des grands équilibres naturels. L'investissement public a largement sa part à jouer.

Au-delà des chiffres agrégés à l'échelle du continent, le manque d'investissement se fait ressentir dans chaque pays. En Allemagne, par exemple, le ministère de l'Économie et de l'Énergie estime ainsi que, pour atteindre les objectifs climatiques, de 14 à 20 milliards d'euros d'investissements supplémentaires par an seraient nécessaires pour isoler les seuls logements, à partir de 2020 [1].

Mais attardons-nous sur la situation française. Nous avons la chance de disposer de mesures de plus en plus fines de ce qu'il faut faire. Le think tank I4CE – Institut de l'économie pour le climat – élabore chaque année un

1. *Sanierungsbedarf im Gebäudebestand*, ministère allemand de l'Économie et de l'Énergie (BMWi), décembre 2014, p. 13.

panorama des financements permettant de quantifier l'écart d'investissement qu'il faut combler pour remplir les objectifs que le gouvernement s'est à lui-même fixés. Les montants nécessaires à satisfaire les objectifs énergétiques et climatiques français ont été supputés par le think tank I4CE entre 55 et 85 milliards d'euros par an (de 2,5 % à 4 % du PIB) pour la période 2019-2023, (en incluant le rattrapage des investissements non réalisés sur la période précédente). Ces chiffres ne concernent que les secteurs du bâtiment (logement et tertiaire), des transports (partiellement) et de la production d'énergie. Rien donc sur l'agriculture, la forêt, l'industrie, la Recherche et Développement, ou l'adaptation au réchauffement climatique. Rien non plus sur l'eau, les déchets, la biodiversité, puisque ce n'est pas l'objet de ce think tank, dédié aux problématiques climatiques. Or, fin 2018, ces investissements ne s'élevaient qu'à 31 milliards d'euros, répartis à parts égales entre ménages, entreprises et acteurs publics [1]. En somme, il manque, au bas mot, de 25 à 85 milliards d'euros par an d'investissements pour ces seuls secteurs.

Deux urgences : les transports durables et la rénovation des logements

Sur ces sommes manquantes, deux secteurs concentrent les inquiétudes : les investissements dans

1. Source : *Édition 2018 du Panorama des financements climats - I4CE*. Dans ce panorama, I4CE évalue les investissements climat globaux à 41 milliards d'euros en 2017. Cependant, pour apprécier les besoins, le think tank se fonde sur un périmètre réduit (secteurs du bâtiment, des transports et de l'énergie), d'où un total d'investissement plus bas, estimé à environ 30 milliards.

les transports les moins polluants – il n'y a pas de transport propre à 100 % – et, de manière encore plus critique, la rénovation des logements qui ont été construits avant l'instauration des réglementations thermiques, qui obligent à ce que toute construction neuve depuis 2012 respecte des exigences fortes en termes de sobriété des habitations.

Sur ce dernier point, difficile d'oublier les mots de Nicolas Hulot lors de sa démission en direct depuis les micros de France Inter, fin août 2019 : « On veut rénover 500 000 passoires thermiques. Or, on a baissé de moitié les moyens pour rénover ces bâtiments. Je sais déjà, au moment d'acter ce plan de rénovation [présenté le 26 avril 2018], que l'on ne pourra pas atteindre les objectifs. »

L'exemple de la rénovation permet en quelques lignes de mesurer les enjeux d'investissement autour d'un objectif très concret, qui concerne chacun d'entre nous. Ici, il est aisé de comprendre l'interaction entre investissements publics – sous forme de garantie ou de subvention par exemple –, et investissements privés – l'épargne des ménages et le crédit bancaire pour l'essentiel.

Manque d'investissement et d'accompagnement : les failles du modèle français

La démission de Nicolas Hulot a mis en lumière les difficultés rencontrées en France. Dans notre pays, nous comptons 20 millions de logements qui ont été construits avant l'année 2000. Bâtis à une époque où le prix de l'énergie ne semblait pas être un problème, ils constituent le principal du parc des logements à rénover. L'objectif qui a été arrêté par le gouvernement est clair : rénover l'ensemble de ces logements au niveau dit BBC – Bâtiment basse consommation – d'ici à 2050, afin de réduire de plus de 50 % la consommation d'énergie [1]. Pour atteindre ce but, le gouvernement a fixé un objectif de rénovation de 500 000 logements par an, dont 150 000 passoires énergétiques habitées par des ménages à faibles revenus. Nous en sommes encore loin. En 2017, seuls 16 000 logements avaient été rénovés au niveau de performance BBC [2].

Aujourd'hui, le principal atout de la rénovation est le travail accompli par l'Agence nationale de l'habitat, qui accompagne les ménages modestes. Grâce à un niveau de subventions important et à un suivi réel, l'Anah représente l'embryon d'une politique plus globale.

Le principal échec au global est le manque de moyens mais aussi la faiblesse de l'accompagnement. Rénover un logement est une tâche parfois complexe, qui astreint souvent à faire intervenir plusieurs artisans, chacun maîtrisant une partie seulement de la solution, et sans être soumis à un véritable contrôle du résultat.

1. La finalité étant que le reste de l'énergie consommée provienne d'énergies renouvelables.
2. https://www.connaissancedesenergies.org/tribune-actualite-energies/regard-sur-le-plan-de-renovation-energetique-des-batiments-0

Quand il faut relier isolation, ventilation ou changement de source d'énergie, nous sommes nombreux à nous y perdre. S'il faut en plus s'y retrouver à travers tous les dispositifs d'accompagnement, la rénovation devient une aventure incertaine. Ce n'est pas pour rien qu'en dehors des programmes de l'Anah l'essentiel des aides disponibles est capté par les ménages les plus aisés, capables de mobiliser une épargne plus importante tout en faisant appel à des maîtres d'œuvre privés.

Garantie publique, exigence de résultat et subventions importantes: les ressorts du modèle allemand

Comme nous l'avons vu, l'Allemagne a également beaucoup de retard à combler. Mais force est de constater que l'approche de nos voisins se concentre sur une cible claire: l'accélération des rénovations en profondeur des logements. Pour ce faire, elle joue sur deux mécanismes complémentaires, charge à la KfW, la Caisse des dépôts allemande, d'orchestrer le tout.

Le premier outil est la garantie publique. La KfW est une banque publique dont la mission est de proposer des prêts à taux très faibles aux particuliers souhaitant rénover leur logement. Elle dispose d'une garantie financière de l'État allemand, qui lui donne accès aux marchés financiers internationaux pour se refinancer dans des conditions extrêmement favorables. La KfW distribue des prêts d'économies d'énergie *via* les instituts de crédit, notamment par le truchement de son réseau dense de caisses d'épargne et de coopératives, bien implantées localement.

Le second est un système de subventions qui varient en fonction du niveau de performance recherché. Une évaluation avant et après chantier permet d'estimer, de vérifier et d'encourager l'efficacité des travaux effectués. Les subventions peuvent couvrir jusqu'à 30 % du coût des transformations, pour les projets les plus ambitieux.

On le voit, la hausse des investissements, en particulier privés, repose sur la mobilisation de ressources publiques importantes et bien plus conséquentes qu'aujourd'hui. En France, en Allemagne ou ailleurs, aucun pays ne réussit à atteindre le rythme de rénovation nécessaire. Le sursaut se fait attendre. La faute à la priorité politique qui depuis plus de dix ans guide l'action des dirigeants européens : la poursuite de la réduction des déficits et de la dette publique.

Le désinvestissement, un mal européen

MARDI 14 AOÛT 2018. UN PEU AVANT MIDI, le pont Morandi, grâce auquel, dans le ciel de Gênes, l'autoroute des Fleurs franchit le val Polcevera, s'écroule. Les images font le tour du monde. Quarante-trois personnes y laissent leur vie. Des dizaines d'autres sont blessées. Encore aujourd'hui la ville panse ses plaies. Dans le flux des commentaires qui accompagne le drame, la question de la « corruption » ambiante, qui aurait créé les conditions de négligences graves dans la construction et l'entretien, est avancée. Mais, très vite, c'est le problème des moyens financiers alloués à l'entretien des infrastructures qui est posé. Ce qui était une catastrophe italienne devient une inquiétude européenne. Au sein de l'Union européenne, il n'y a même plus assez de dépenses d'investissements pour entretenir les infrastructures existantes. Ce sont des ponts, des routes, des hôpitaux ou des écoles.

L'effondrement du pont de Gênes, une affaire européenne

Dans la dernière décennie, les investissements – publics et privés – ont décliné en moyenne de 2,3 points de PIB dans la zone euro. Ils représentent 20,2 % du PIB européen en 2019 contre 22,6 % en 2007. Le niveau d'avant la crise n'a pas encore été rattrapé.

Même en Allemagne, le dynamisme économique cache mal la réalité du sous-investissement public chronique dans les infrastructures. À l'automne 2016, les autorités ont, dans l'urgence, interdit aux poids lourds de circuler sur le pont de Rheinbrücke, qui enjambe le Rhin à quelques kilomètres en amont de la ville de Cologne. Il est l'un des plus fréquentés d'Europe mais est devenu trop vétuste. Cet événement, qui a marqué les esprits, a permis de placer la question au centre du débat public et d'établir le lien avec la grande priorité politique du pays depuis la fin des années 1990 : l'équilibre budgétaire. La Fédération des chambres de commerce et d'industrie allemandes chiffre le retard accumulé pour l'ensemble des investissements publics, entre 2003 et 2012, à 600 milliards d'euros. À la suite d'une étude commandée par le ministère de l'Économie [1], une prise de conscience est maintenant apparue

1.. https://www.bmwi.de/Redaktion/DE/Publikationen/Studien/quantifizierung-der-gesamtwirtschaftlichen-und-fiskalischen-effekte-ausgewaehlter-infrastruktur-und-bildungsinvestitionen.pdf?__blob=publicationFile&v=10

et l'on assiste, après des années de stagnation, à une reprise assez nette de l'investissement public.

La France est entrée dans la spirale du sous-investissement plus récemment. C'est sous la présidence de François Hollande que l'on a vu l'investissement public, notamment celui des collectivités, ralentir très fortement. Aujourd'hui les difficultés de financement, particulièrement dans les infrastructures de transport, s'accumulent. Ce sont 900 millions qui manquent dès 2019 en France, ne serait-ce que pour faire ce qui était prévu en matière d'entretien ou de déploiement de nouveaux transports durables. La situation est encore plus préoccupante si l'on examine les investissements nets[1]. D'après l'Insee, ils se sont élevés à moins d'un milliard en 2017 ! Cela signifie que notre pays investit à peine assez pour entretenir et renouveler les infrastructures publiques (transports, bâtiments publics tels les hôpitaux, les casernes, les écoles, les stations de traitement de l'eau, ou des déchets). C'est ce genre de trajectoire qui mène à des catastrophes telles que le déraillement du train Corail Intercités en juillet 2013 ou l'effondrement du pont de Gênes. Cette tendance est assez largement généralisée en Europe : si l'on excepte les pays du Nord, la Grande-Bretagne et la Pologne, l'investissement net est soit proche de 0 soit négatif depuis plusieurs années.

1. C'est-à-dire ceux desquels on a retranché la dépréciation du capital existant (l'usure des machines, des infrastructures, etc.)

Les règles budgétaires ou le dénigrement de l'investissement public

Nous n'en sommes pas arrivés là par hasard. L'état de sous-investissement est le produit de deux facteurs qui agissent comme le marteau et l'enclume sur les investissements. Le premier facteur est l'affaiblissement des ressources publiques, consécutif aux mécanismes autorisant d'importantes entreprises ou de riches particuliers à ne pas ou à payer peu d'impôt là où les richesses sont produites. La Commission européenne estime à 1 000 milliards d'euros [1] le manque à gagner annuel dû à l'évasion fiscale, à l'optimisation, mais aussi à la fraude massive à la TVA, qui s'opère trop souvent au passage des frontières intérieures de l'Union.

Le second facteur de sous-investissement est lié à l'interprétation et à l'application qui sont faites des règles budgétaires européennes. La règle des « 3 % » de déficit public est la plus connue. Dans l'état actuel, l'interprétation qui en est donnée est que les États membres doivent mener une politique qui leur permette de ne « jamais » dépasser cette limite, quelles que soient les circonstances conjoncturelles. Ils sont donc invités, par précaution, à fournir tous les efforts nécessaires pour se rapprocher d'un objectif d'équilibre à moyen terme, en tout état de cause d'un déficit inférieur à 1 % du PIB. L'autre règle budgétaire, moins connue, est plus restrictive encore. Tant que la dette publique dépasse 60 % du

1. https://ec.europa.eu/taxation_customs/fight-against-tax-fraud-tax-evasion/a-huge-problem_fr

PIB, le pays doit poursuivre une politique budgétaire qui conduise à terme au respect de ce deuxième objectif. Cette règle impose encore à dix pays, dont certains parmi les plus grands, et probablement pour de nombreuses années, de dégager des excédents primaires substantiels[1].

D'où viennent ces critères ? Si l'on fait communément référence au traité de Maastricht, ratifié en 1992, le pacte de stabilité et de croissance (PSC) a été, lui, adopté en 1997 pour préparer l'arrivée de la monnaie unique. En mettant sur un pied d'égalité les dépenses de fonctionnement et les investissements publics dans la comptabilisation du déficit public, les gouvernements et les responsables des collectivités territoriales (à l'origine de la majorité des investissements publics) ont été amenés à réduire les investissements. Pour une raison évidente. Il est plus simple, à court terme, de ne pas faire de nouveaux investissements que de réduire les dépenses de fonctionnement, qui représentent des emplois et des services publics de proximité, lesquels jouent un rôle central dans la vie de nos sociétés. Plus profondément, ce choix reflète la préférence bien ancrée des administrations des finances pour l'épargne financière, et leur aversion contre l'investissement public.

À l'origine des 3 %

Tel était le deal autour de la création de l'euro. L'Allemagne acceptait de se séparer du Deutsche Mark.

1. Par convention, ils ne prennent pas en compte le paiement des intérêts sur la dette de l'État.

En échange, pas question pour elle que quelque pays peu regardant sur la bonne gestion des deniers publics vienne déstabiliser la valeur de la nouvelle monnaie commune.

Plus précisément, il a été décidé de construire la Banque centrale européenne sur le modèle de la Bundesbank indépendante, avec un mandat centré sur la stabilité monétaire, autrement dit sur la lutte contre l'inflation. Les pays ayant mis en commun leur crédibilité sur les marchés financiers, leurs règles budgétaires devaient éviter que des recours excessifs à l'emprunt de la part de l'un d'entre eux n'aient des répercussions négatives sur les autres. Selon les règles de 1997, le déficit budgétaire des pays de la zone euro ne devait pas dépasser 3 % du PIB et les États devaient mener une politique qui leur permette d'atteindre à terme un niveau de dette publique inférieur à 60 % du PIB. Une « surveillance multilatérale » fut mise en place afin d'assurer le respect de ces dispositions. Déjà, à l'époque, les États de l'UE devaient remettre à la Commission européenne et au Conseil des ministres un rapport dans lequel étaient présentés les engagements budgétaires pour l'année. Si un pays ne respectait pas ses engagements, une procédure de sanction pouvait être lancée contre lui par la Commission, après approbation par le Conseil.

Une application « stupide » des règles

La pertinence des critères fut remise en cause une première fois pendant la récession de 2002-2003. Ne pouvant ou ne voulant pas se dérober à ses obligations, la Commission lance en 2002 une procédure pour déficit budgétaire excessif contre... l'Allemagne, que le Conseil s'empresse de suspendre, puis de nouveau, en 2003, à l'encontre de l'Allemagne et de la France, procédures qui subissent le même sort. Le président de la Commission de l'époque, Romano Prodi, fait lui-même scandale et dresse contre lui les faucons, y compris au sein de ladite Commission, en déclarant en octobre 2012 devant le Parlement européen : « Il ne faut pas appliquer le pacte de façon rigide et intransigeante, en restant sourds et muets face à l'évolution de la situation. C'est cette attitude que j'ai qualifiée et que je qualifie encore de stupide. »

Suite à cette première passe d'armes, une réforme intervint en 2005 pour introduire une marge de flexibilité dans l'appréciation du déficit. La crise financière, née aux États-Unis en juillet 2007, qui s'est propagée en Europe à partir de 2008, fut le premier crash test de cette nouvelle approche. Proche de l'équilibre en 2007, le déficit budgétaire moyen de la zone euro était supérieur à 6 % du PIB en 2009 et en 2010.

Le tournant de l'austérité

Durant quelques semaines les recettes « keynésiennes » de relance par l'investissement redevinrent modernes des deux côtés de l'Atlantique. Mieux, il fut même question que cette relance soit mise au service de la transition écologique. Aux États Unis, la proposition prend le nom de Green New Deal. Il structure depuis quelques semaines le débat politique. Il fut en son temps sur la table des discussions en Europe. Mais très vite, dès 2011, l'austérité prit le dessus pour ramener le déficit moyen à 4 % en 2011 et le laisser depuis lors sur une trajectoire descendante, un renversement que beaucoup d'observateurs, y compris au sein des institutions, considèrent *a posteriori* comme bien trop brutal.

En 2011, la surveillance économique multilatérale sous le pacte de stabilité et de croissance s'est complexifiée. Elle repose toujours sur un dialogue annuel - de mai à juin - entre la Commission et les États membres, sous la forme d'allers-retours de documents sur le budget et le programme de réformes. À la surveillance budgétaire s'ajoute dorénavant un exercice de surveillance plus générale des déséquilibres macroéconomiques. En 2013, les règles du pacte sont gravées dans le marbre d'un nouveau traité, dit « traité sur la stabilité, la coordination et la gouvernance » (TSCG), qui est transposé dans les constitutions et droits nationaux.

Alors que le champ des politiques analysées par la Commission européenne s'élargit, les objectifs ne bougent pas. L'article 119 du traité sur le fonctionnement de l'Union européenne (TFUE) stipule pourtant : « Les États membres conduisent leurs politiques économiques en vue de contribuer à la réalisation des objectifs de l'Union, tels que définis à l'article 3 du traité sur l'Union européenne. » On pourrait donc s'attendre à ce que les politiques économiques contribuent significativement au développement durable, à la protection et à l'amélioration de la qualité de l'environnement, que l'article 3 inscrit comme des priorités de l'UE. En réalité, il n'en est rien. Le champ de la gouvernance économique est circonscrit de façon restrictive si on le compare à cet article. L'accent est mis sur le développement du marché intérieur, la compétitivité et la promotion du commerce international, la prévention d'un endettement public comme de déséquilibres macroéconomiques excessifs, et le renforcement de la surveillance des marchés financiers. Le social et l'environnemental sont quasi entièrement laissés de côté lors de l'exercice structurant la gouvernance économique européenne. La procédure dominante reste celle qui porte sur les finances publiques. Dans le cadre de la surveillance plus générale des déséquilibres macroéconomiques, des indicateurs sociaux et d'emploi ont certes été ajoutés, associés à des objectifs ; mais le Conseil des ministres des Finances s'est empressé d'acter que manquer aux objectifs sociaux ou d'emploi ne saurait déclencher une quelconque procédure. Quant à la lutte contre le changement climatique, elle est complètement absente de la procédure décisive et ne commence à être mentionnée qu'au détour des longs rapports produits par la Commission. Cela, malgré les nombreuses analyses qui font de la montée des inégalités et de la faiblesse des progrès en matière de transition écologique et énergétique deux sources majeures d'instabilité et de risque de rupture du système ; nonobstant l'approbation par l'ensemble des pays européens des objectifs de développement durable (ODD) développés par l'ONU en 2015 ; en dépit de l'adoption d'un paquet climat-énergie et des engagements pris au nom de l'accord de Paris, qui nécessitent dès maintenant des investissements importants.

Depuis, le blocage perdure. À cela, rien d'étonnant. « Bercy » au niveau français ou ses équivalents en Europe ont le même pouvoir, les mêmes préoccupations et obéissent au même canon. Rappelons ici que la création de l'Eurogroupe, le gouvernement de la zone euro où siègent, loin des regards, les ministres des Finances [1], a clairement donné les clefs du camion aux vingt-sept directions générales du Trésor, flanquées des banquiers centraux et des régulateurs, et cela, en accord avec la direction de la concurrence. Au total, les dogmes sont bien servis : la concurrence, la libre circulation des capitaux, des biens, des services et des personnes, l'équilibre budgétaire, l'indépendance de la Banque centrale (le terme politiquement correct pour garantir le refus du financement des États par la création monétaire).

S'il ne faut pas rejeter l'idée de coordination et de surveillance budgétaire – il est important que chaque pays n'agisse pas seul dans son coin et dans son seul intérêt – l'application dogmatique des règles étouffe depuis trop longtemps la capacité des États membres à peser sur le cours des choses. L'obsession du court terme a eu valeur de renoncement à l'action publique.

1 L'Eurogroupe est à l'origine un type informel de réunion, mis en place pour faciliter le dialogue et la coopération. Non prévu par les traités, il est devenu un espace politique majeur, où l'avenir de plusieurs pays – Chypre, Grèce – s'est joué à l'abri des regards.

La BCE pour faire le sale boulot

Coincés par leur propres règles, les ministres des Finances ont ainsi largement misé sur la Banque centrale européenne pour agir, là où eux-mêmes souhaitaient en priorité tenir le cap de l'austérité. C'est ainsi que la BCE est devenue le sauveur de l'Europe en lieu et place de gouvernements impassibles, montrant ainsi que le souci ne résidait pas dans la disponibilité de l'argent, mais bien dans les choix budgétaires qui étaient faits.

Entre 2010 et 2011, la BCE commence à intervenir sur le marché secondaire pour soutenir les obligations de pays affectés par la crise de la dette souveraine. Cette décision est prise contre l'avis du membre allemand du Conseil des gouverneurs de la BCE, Axel Weber, qui démissionnera peu après. En juillet 2012, en l'absence d'avancées suffisantes vers une résolution de la crise financière qui frappe les pays du Sud de l'Europe et l'Irlande, Mario Draghi, président de la BCE, déclare que la Banque centrale fera, pour stabiliser l'euro, « whatever it takes, and believe me, it will be enough ». En même temps, la BCE dévoile un nouveau programme d'achats de titres de pays en difficulté. Finalement, en janvier 2015, pour pallier un risque déflationniste persistant, la BCE annonce un « programme d'achat d'actifs » qui la conduit à racheter massivement des titres de dette publique et privée sur le marché secondaire. Ce programme est encore en place en mars 2019. C'est ainsi que la BCE a suppléé à la frilosité les États membres dans la défense de l'euro.

La contrepartie est que la BCE, n'ayant pas d'interlocuteur doté d'un pouvoir budgétaire centralisé, a gagné un pouvoir considérable puisque c'est elle qui, dans des situations extrêmes, décide *in fine* des conditions auxquelles un gouvernement peut (ou ne pourrait plus) financer sa dette. C'est l'expérience vécue par Chypre, ou par la Grèce.

La mécanique en est très simple : les banques nationales détiennent beaucoup d'euros de dette souveraine et les utilisent comme collatéral[1] pour emprunter à la BCE. Si la dette publique d'un pays venait à sortir de la catégorie « investissable », les obligations utilisées comme collatéral deviendraient inéligibles pour les financements réguliers de la BCE, ainsi que pour son programme d'achat d'actifs. Les banques, privées de ce levier, seraient alors obligées[2] de solliciter la liquidité d'urgence (Emergency liquidity assistance – ELA), fournie par la Banque centrale nationale du pays concerné. Mais l'ELA ne peut juridiquement être accordée qu'à des banques solvables. Le Conseil des gouverneurs de la BCE serait en droit de réclamer la mise en place d'un programme économique, qui se révélerait nécessairement d'austérité et de réduction des dépenses publiques, avant de donner son feu vert à l'octroi de sommes importantes. C'est ce qui s'est passé en Grèce.

1. Un collatéral est un actif porté en garantie d'un prêt.
2. Rappelons qu'une banque qui ne peut accéder à la monnaie centrale, créée par la Banque centrale exclusivement, peut faire faillite instantanément (si par exemple elle n'est pas en mesure rembourser une dette vis-à-vis d'un autre établissement bancaire).

La dette publique : un faux problème ?

LA QUESTION DE LA DETTE PUBLIQUE est probablement l'un des sujets les plus sensibles de la vie politique européenne. Mais ce qui peut paraître le plus incroyable, c'est que les principales prises de position relèvent généralement de la posture ou de la mythologie. Si l'opinion publique a en tête que les États doivent contenir leur déficit, et apprécie en général ce qui lui semble ressortir à une bonne gestion, elle est moins avertie du fait que la contrainte la plus exigeante est celle de la limitation souhaitée de la dette publique à terme à 60 % du PIB. Le lien entre déficit et dette est facile à établir. En théorie[1] le déficit public annuel, qui s'apparente au besoin annuel de financement des administrations

1. En pratique, les choses sont plus compliquées que cela, mais les subtilités en jeu dépassent le cadre de ce court ouvrage.

publiques, vient augmenter d'autant la dette. Réciproquement, pour réduire une dette supérieure à 60 % du PIB, il faut un solde public (après paiement des intérêts de la dette) positif. Si le mécanisme est limpide, la validité économique de la règle est plus que contestable.

C'est l'ancien chef économiste du FMI, Olivier Blanchard, peu soupçonnable d'hétérodoxie, qui aborde le sujet en janvier 2019 dans un papier [1], où il plaide pour une politique de la dette publique plus intelligente, qu'il présente lors de la réunion annuelle de l'American Economic Association. Sans reprendre ici tous ses arguments, revisitons rapidement la question.

En questionnant tout d'abord la notion de ce qui est vertueux et de ce qui ne l'est pas. Le chiffre de 60 %, qui fixe la frontière entre le bien et le mal, ne repose sur aucune vérité économique. Aujourd'hui, la France emprunte à court terme à un taux d'intérêt inférieur à zéro alors qu'elle atteint les 100 % d'endettement. Les États-Unis affichent 170 % d'endettement. Au Japon, le seuil des 250 % a été franchi sans que cela provoque la moindre réaction. Et pour cause, la dette japonaise est largement détenue par les Japonais, limitant les risques d'une attaque des marchés.

La question de la dette publique n'est plus l'objet d'une discussion objective. Pour preuve, l'effet des

1. Voir : *Public Debt and Low Interest Rates*
https://piie.com/commentary/speeches-papers/public-debt-and-low-interest-rates

investissements publics sur la santé économique d'un pays reste l'un des grands oubliés du débat. Les dépenses publiques d'investissement ont pourtant un effet multiplicateur sur le PIB. Un surcroît de dépenses publiques amplifie plus que proportionnellement le PIB, ce qui, d'une part, procure des recettes supplémentaires à l'État, *via* la fiscalité ou les baisses de dépenses de protection sociale comme l'allocation chômage, et, d'autre part, a pour conséquence que la variation du ratio dette / PIB n'est pas égale à celle de la hausse de la dette. Il est des situations, notamment de ralentissement économique et de surendettement du secteur privé, où l'État, pour relancer la machine économique, doit s'endetter. Comparé à ce qu'il se passerait s'il ne dépensait rien, son ratio de dette publique sera *in fine* moins élevé.

Plus simplement, si l'on veut stabiliser le niveau de la dette – quel qu'il soit –, le facteur décisif est la différence entre la charge d'intérêt, qui contribue mécaniquement à la croissance de la dette, et l'augmentation des revenus. Cette différence détermine l'effet « boule de neige », positif ou négatif, inhérent à tout endettement. Si elle est positive, l'effet « boule de neige » de la dette contraint à dégager durablement des excédents hors intérêt et conduira tôt ou tard à des réductions de dépenses nettes. Mais si elle est négative, elle réduit mécaniquement le rapport de la dette sur le PIB : le refinancement de la dette n'est alors pas problématique et un déficit à hauteur de cet effet n'imposera aucune hausse ultérieure des impôts.

La Commission européenne calcule cet effet « boule de neige » pour tous les pays de l'Union européenne et de la zone euro. La bonne nouvelle est que, pour la zone euro prise dans son ensemble, l'« effet boule de neige » contribue mécaniquement depuis 2015 à réduire le taux d'endettement d'environ 1 point de pourcentage du PIB par an. En outre, depuis 2017, tous les pays sauf un bénéficient d'un effet boule de neige, qui réduit mécaniquement leur endettement. Comme, par ailleurs, les États de la zone euro, en faisant preuve en plus de « bonne » gestion, dégagent un excédent hors intérêt également proche de 1 % du PIB, le ratio de la dette sur le PIB diminue d'environ 2 points de pourcentage du PIB par an. Cependant est-ce le bon choix, même si dans la zone euro la dette moyenne en pourcentage du PIB (84 %) dépasse la valeur de 60 %, sacralisée voici trente ans ?

Une affaire de bon sens

S'il n'est plus intelligent de se cantonner à un plafond de dette publique, arbitraire et irréaliste, peut-on échapper pour autant à cette contrainte, consacrée par les traités ?

Notons tout d'abord que l'Europe ne bute pas sur une contrainte de financement au sens strict. La dette souveraine des grands pays européens reste largement demandée par les acteurs privés, notamment dans une optique de diversification de leurs portefeuilles. Sans quoi la France ou l'Allemagne ne pourraient emprunter à des taux très bas, voire négatifs. Ensuite, depuis la mise en œuvre à très grande échelle d'opérations de *quantitative easing*[1], la Banque centrale européenne a montré qu'elle pouvait acquérir des instruments de dette publique sur le marché secondaire. Enfin, les banques publiques de développement, européennes ou nationales, peuvent émettre des titres de dettes que la Banque centrale européenne pourra « refinancer », sans qu'il puisse s'agir de financer n'importe quelle politique.

Reste donc la contrainte « légale », qui peut conduire la Commission européenne et le Conseil à sanctionner un pays dont le déficit ne respecterait pas le double objectif assigné, de rester en dessous de 3 % du PIB et de permettre à la dette de revenir vers les 60 % du PIB. Nous allons voir qu'il existe des marges de flexibilité et d'interprétation utilisables dès maintenant, en observant le cadre des traités, pour favoriser des politiques efficaces, qui promeuvent collectivement la transition écologique et solidaire.

1. L'assouplissement quantitatif consiste à créer de la monnaie pour acheter des titres de dette publique sur les marchés financiers.

PARTIE 2

CE PLAN QUE BERCY REFUSE D'ENVISAGER

RIEN NE DEVRAIT NOUS OBLIGER À FONCER dans le mur. Aucun traité, aucune règle. Et pourtant la transition écologique et son financement continuent de buter sur le même dogme budgétaire. Lever l'obstacle nécessite de remettre en cause cette mise sur un pied d'égalité comptable et de courte vue des dépenses de fonctionnement et des investissements verts. Est-ce là une révolution ? Pas vraiment. Et c'est peut-être la dimension la plus « explosive » du plan que nous formulons. La solution que Bercy refuse pour l'heure d'envisager porte en effet en elle une forme d'ironie : tout simplement traiter ces investissements comme le feraient des entreprises privées[1] : les charges d'intérêt et la

1. Cette proposition a été présentée en 2003 par Olivier Blanchard, ancien chef économiste du FMI, à l'époque professeur au MIT, et par Francesco Giavazzi, professeur à

dépréciation du capital doivent être incluses dans le calcul du déficit, mais l'investissement net doit en être exclu.

l'université Bocconi de Milan, lors d'un séminaire sur le pacte de stabilité et de croissance organisé par la Bundesbank et par l'institut DIW de Berlin.. Voir le rapport au Conseil d'analyse économique: *Comment améliorer le Pacte de stabilité et de croissance par une comptabilité appropriée de l'investissement public.*

Libérer les investissements verts

Prendre exemple sur la comptabilité d'entreprise

Pour expliquer notre proposition, opérons un rapide détour par la vie d'une entreprise et plus précisément par sa comptabilité. Son office est de dire où en est l'entreprise sur le plan économique et financier. Prenons l'exemple d'une entreprise de fabrication de turbines pour éoliennes. C'est un secteur d'avenir, où l'innovation tient un rôle important.

Pour tenir la cadence et rester au niveau d'exigence de ses clients, l'entreprise doit maintenir et, dans le cas présent, développer sa capacité à produire. Cela implique d'investir dans de nouveaux équipements, de nouvelles machines ou dans de nouveaux bâtiments. Ce sont bien des investissements puisqu'ils sont censés permettre à l'entreprise de maintenir ou d'augmenter son activité et ses bénéfices à plus ou moins long terme.

Alors comment faire pour que l'achat d'une nouvelle machine ne vienne pas alourdir le bilan comptable de l'entreprise ? C'est un enjeu évidemment majeur. Dans un secteur aussi dynamique que les énergies renouvelables, il faut montrer que l'on est solide financièrement. La comptabilité d'entreprise répond à ce besoin. Dans ses dépenses annuelles, plutôt que d'inscrire le coût total d'un investissement, ce qui donnerait l'impression d'une folle dépense, l'entreprise l'amortit. Chaque année, elle inscrit dans son compte de résultat une quote-part du coût de l'équipement en question, qui correspond à son usage annuel (donc à son usure, que l'on appelle dépréciation). La durée de l'amortissement est calquée sur la durée prévue d'exploitation de l'équipement en question. Au bilan, l'investissement est immobilisé, accroissant ainsi l'actif de l'entreprise.

Un chef d'entreprise regardera avec une attention toute particulière ses actifs, leur valeur présente et future et leur capacité à générer des revenus. Il investira non pas uniquement en fonction de sa situation de trésorerie, mais selon les perspectives offertes par cet investissement, et suivant sa capacité à « boucler » son besoin de financement (soit par autofinancement, soit par endettement, soit par augmentation de capital).

D'un point de vue extérieur (partenaires, investisseurs, clients), cette comptabilité offre une vision plus claire de la valeur réelle de l'entreprise et de sa capacité à produire des revenus dans la durée.

Amortir les investissements publics verts

La puissance publique gagnerait à procéder de même à l'endroit de ses investissements dans la transition écologique. En les traitant différemment dans la comptabilité, l'idée est de surmonter la réticence de l'État ou des collectivités territoriales à investir. Il faudra bien sûr définir de manière explicite, transparente et opposable les dépenses publiques susceptibles de bénéficier de ce traitement spécifique.

Ce ne sera pas nécessairement que des dépenses en capital public au sens strict. Il importe de prendre également en considération les dépenses publiques permettant au secteur privé d'investir et celles relatives aux équipes à rétribuer pour réaliser et suivre les investissements et leur conformité aux objectifs, ou pour soutenir ménages et entreprises dans leurs projets de transition (par exemple pour la rénovation des logements). Il ne faut pas sous-estimer le besoin, dans le secteur public, de professionnels hautement qualifiés pour accompagner le changement majeur à mener dans les années à venir.

Rien de compliqué en la matière : la doctrine comptable sait depuis longtemps créer des catégories qui permettent à des auditeurs de pratiquer les vérifications nécessaires. En l'occurrence ce serait à la Cour des comptes d'effectuer les contrôles. Quant à la spécification du caractère vert ou non d'un investissement, elle fait aujourd'hui l'objet de travaux au niveau de la Commission européenne, qui a proposé une « taxonomie », ou classification, des projets et secteurs verts, en cours de consultation. Il n'est pas douteux que cette question sera prochainement clarifiée et précisée.

Pour comprendre plus précisément la mécanique que nous proposons, prenons deux exemples. Le passage à la voiture électrique, prévu dans la Stratégie nationale bas carbone, implique le déploiement de bornes de recharge. Supposons qu'il faille en déployer, dans les dix prochaines années, 8 millions, pour un coût de 20 milliards d'euros, dont 5 d'investissements purement publics. La comptabilité actuelle fait peser chaque année sur les comptes publics 500 millions d'euros. Amortir cette dépense sur vingt ans, ce qui correspond à la durée de vie économique de ces bornes, réduit très fortement cette charge pour les prochaines années. En année 1, elle ne serait que de 25 millions, puis elle progresserait chaque année de 25 millions par an, pour atteindre 250 millions la dixième année et les suivantes. Ce lissage est conforme à la réalité économique et permet, comme pour une entreprise, de n'intégrer que la part économiquement pertinente de l'investissement chaque année.

Jetons aussi un œil aux investissement indispensables dans un mode de transport définitivement bas carbone et pas seulement destiné aux centre ville : le vélo. En Allemagne par exemple, on estime que le vélo pourrait représenter 15 % des temps de déplacement en 2020. La France a cumulé beaucoup de retard dans l'installation d'infrastructure (piste cyclable, parking à vélo près des gares, etc). La FNH et la FNUB ont estimé les besoins à 200 millions d'euros minimum par an. Pour respecter sa trajectoire budgétaire le gouvernement en a prévu 50 millions d'euros par an. En amortissant sur la durée de vie des infrastructures, le dilemme n'en aurait pas été un. D'autant plus au regard des effets très bénéfiques de cette pratique.

Prenons enfin l'exemple de la rénovation des passoires énergétiques. 7,4 millions de logements en France sont particulièrement mal isolés et / ou ventilés. Quand on loue ou achète un logement, le diagnostic de performance énergétique obligatoire indique son efficacité énergétique, sous l'aspect d'un classement qui va de A à G. Les passoires énergétiques relèvent des catégories E, F et G. Leur rénovation est une priorité car ces logements ont un coût important pour la collectivité. En termes de consommation d'énergie évidemment, mais aussi de santé, attendu que, en cas d'une mauvaise isolation, le froid et l'humidité viennent bien souvent s'attaquer aux habitants. La Fondation Abbé Pierre avait ainsi estimé, en 2017, à 800 millions d'euros les dépenses de santé liées à la seule précarité énergétique des logements.

A minima, la rénovation de ces passoires pourrait coûter 80 milliards d'euros dont 36 milliards d'argent public, notamment sous forme de subventions [1]. Les travaux pourraient prendre huit années si nous cessions de tergiverser sur le sujet et représenter 4,5 milliards d'euros d'investissement public annuel. L'immensité de la tâche est l'une des raisons de sa non-mise en œuvre. En appliquant l'amortissement à ces investissements, nous pourrions imaginer que la dépense soit échelonnée sur une durée longue. Disons vingt-cinq ans, ce qui reviendrait à 1,4 milliard d'euros par an. Cette différence, entre 4,5 et 1,4, est remarquable et permet d'étaler le montant de l'investissement sur la durée de son « retour ». Ce retour sur investissement prendrait le visage de baisse d'importation d'énergies fossiles pour le chauffage au fioul, de baisses de dépenses de santé, ou d'impact en matière d'emploi et de formation dans le secteur du BTP.

Sans essayer de cacher des investissements, une prise en compte au plus près de leur réalité économique permet de libérer de l'espace pour accélérer la transformation de notre économie. Il serait dommage de s'en priver.

Éviter la caricature

Avant d'expliciter notre proposition, il est important de spécifier ce qu'elle n'est pas : « un retrait pur et simple des investissements publics verts du calcul du déficit ». Cette précision a deux finalités.

1. Le scénario de l'initiative Renovons propose de rénover les logements pour les faire passer d'une étiquette énergétique E, F ou G à D. Une rénovation plus en profondeur nécessiterait des investissements plus conséquents et donc d'autant plus contraints par les dogmes budgétaires.

La première est d'éviter que les sceptiques se contentent de balayer la proposition d'un revers de la main au prétexte d'une sorte d'irréalisme politique. La question du déficit budgétaire est en effet devenue l'une des principales lignes de démarcation politique en France, un totem auquel il faut vouer un culte ou qu'il convient de honnir pour être reconnu par les siens. Sur les plateaux des chaînes de télévision en continu, le thème est l'objet de toutes les affirmations et de toutes les évidences. Plus alarmant, l'observance des principes budgétaires européens est devenu l'élément premier de la stratégie européenne de la France depuis l'élection d'Emmanuel Macron, constituant l'alpha et l'oméga de ce que doit être la « bonne réputation » en Europe. Le tout sans se demander si le remède n'empire pas la situation. Or le prix à payer pour satisfaire à ces principes budgétaires – la baisse des investissements publics et plus généralement des dépenses publiques – n'est pas sans conséquence sur la vie quotidienne de millions de Français, sur leur avenir et sur le respect des engagements climatiques de notre pays. L'enjeu est donc trop grave pour que nous laissions les plus obtus se contenter d'affubler la proposition d'une étiquette, aussi caricaturale soit-elle, pour lui interdire la lumière du débat public.

Stipuler ce que notre proposition n'est pas doit également éviter de nourrir inutilement les inquiétudes de nos partenaires européens quant à une volonté française de violer la sacro-sainte règle des 3 %. S'il ne faut pas minimiser les réflexes de politique nationale qui organisent aussi la vie démocratique de nos voisins, s'il peut être commode de s'apitoyer sur les tares supposées – ou réelles – des pays partenaires, nous devons surtout reconnaître aux autres opinions publiques européennes la légitimité de leurs attentes, de leurs espérances et de leurs craintes. Que les citoyens allemands, après avoir subi dix années de stagnation des salaires et de dégradation des conditions de travail pour les emplois les moins qualifiés, estiment ne pas avoir à « payer » pour les dépenses sociales d'autres Européens, peut paraître outrancier, mais cette réaction est compréhensible. Il faut bien entendu des garde-fous, notamment pour les pays dont la croissance est encore trop faible ou les taux d'intérêt trop élevés pour supporter des dépenses supplémentaires, qui mettraient en péril leur capacité de financement. Mais la rationalité est toujours de comparer la rentabilité sociale escomptée d'un investissement avec le coût d'un endettement supplémentaire. La rationalité n'est pas de s'arc-bouter, quelles que soient les circonstances, à une règle sans valeur universelle. Rappelons que la dette française est très demandée et qu'il n'est pas du tout envisagé de faire participer nos voisins aux dépenses françaises. Ceci étant dit, il n'est pas possible de ne pas tenir compte des attentes de nos voisins. La réussite d'un plan pour l'Europe consiste à prendre acte de ce type d'aspirations.

Nous l'avons vu. Quel que soit le pays en question, que le déficit public soit de 2,8 % ou de 0,5 % du PIB, voire qu'il y ait un excédent budgétaire, c'est toute l'Europe qui a un problème avec les investissements publics. C'est toute l'Europe qui a les yeux rivés sur des résultats budgétaires annuels qui ne disent finalement rien de la capacité de chaque pays – et encore moins de l'UE dans son ensemble – à relever le défi de la transition écologique.

Limiter le dispositif aux investissements dans la transition écologique

Nous suggérons de privilégier *a priori* les investissements dans le domaine de la transition écologique parce qu'ils sont indéniablement très insuffisants pour atteindre nos objectifs, ce que montrent bien les travaux d'I4CE [1], et parce qu'il est urgent de les lancer. Il est manifeste par ailleurs que les dépenses en investissements publics sont largement défaillantes. Aussi est-il amplement souhaitable que cette proposition soit élargie à d'autres investissements notoirement déficients (l'accident de Gênes fait penser en priorité aux investissements de sécurité dans les réseaux ferroviaires et routiers) mais en y incorporant, dans tous les cas, la contrainte climatique et énergétique.

De plus, il faut noter que la rénovation des universités, des lycées, des écoles, des hôpitaux, des casernes, des bâtiments de recherche, ou des prisons, fait partie intégrante des investissements nécessaires à la transition, et que son coût, pour la partie énergétique, est intégré dans les estimations d'I4CE.

1. Voir *Édition 2018 du Panorama des financements climat* - I4CE

Concernant les dépenses courantes d'éducation nationale (hors bâtiments) comme celles de la défense, la méthode que nous proposons, à savoir la possibilité d'amortir sur plusieurs années les investissements, à l'image d'une entreprise, ne pourrait être utilisée de manière pertinente. En effet, l'immobilisation n'a d'intérêt économique que lorsque les flux de dépenses considérés ne sont pas constants (s'ils sont constants l'amortissement annuel est égal en moyenne à la dépense annuelle). Or, les dépenses courantes de l'éducation nationale, de la défense ou de la santé sont constantes en ordre de grandeur. À l'inverse, la transition énergétique requiert de donner aujourd'hui un gros coup de collier. Cela ne signifie pas qu'il n'est pas essentiel de maintenir et de développer des systèmes de santé et d'éducation de bonne qualité, notamment en assurant de bonnes conditions de travail à celles et à ceux à qui nous confions le soin de nos enfants ou de notre santé. La solution présentée ici n'est simplement pas adaptée.

Tenir compte de l'urgence climatique dans l'interprétation des traités

NOTRE PROPOSITION PEUT PARAÎTRE TECHNIQUE et elle l'est. Le but n'est pas de se complaire dans une approche technocratique d'un problème éminemment politique. Mais si l'on considère les règles européennes comme une prison de l'action climatique, alors notre mesure pourrait constituer la clé capable de déverrouiller la porte de notre cellule.

Il y a là une conviction qui s'est forgée au gré de notre réflexion : il n'est pas besoin de modifier les traités européens pour agir. Et cela change beaucoup de choses.

Bercy et Mélenchon, même combat ?

Les tenants de l'orthodoxie et une partie de l'échiquier politique, en particulier autour de La France insoumise, ont un point commun évident. Les deux estiment qu'il n'est pas possible de faire autrement dans le cadre des traités actuels. Les premiers pour justifier de ne pas dévier de la trajectoire budgétaire qu'ils se sont fixée. Les seconds pour marquer la frontière entre amis et adversaires de l'establishment en place.

L'omniprésence et la dureté des règles budgétaires ont forgé la situation de *statu quo* dans laquelle nous sommes empêtrés. Et l'épisode de l'affrontement en 2015 entre le gouvernement Tsipras fraîchement élu et la troïka (Commission européenne, Eurogroupe, BCE) a prouvé que la poursuite de politiques économiques absurdes n'était pas négociable et qu'une majorité de pays étaient prêts à recourir à une forme de brutalité politique pour faire rentrer les « mauvais » élèves dans le droit chemin.

Sauf que 2019 n'est pas 2015. L'urgence de la bataille climatique représente une double brèche, légale et politique.

Des marges pour interpréter les traités

Comme on l'a vu précédemment, le pacte de stabilité, sur lequel repose la règle des 3 % de déficit et des 60 % de dette, trouve son origine dans les traités, mais sa définition concrète a été inscrite dans des règlements interprétatifs qui ont valeur légale. Ces règlements sont amendables par des décisions conjointes du Conseil et du Parlement, qui n'ont pas besoin de l'unanimité des États membres. À cela s'ajoute toute une batterie de textes, objets d'un consensus entre la Commission et les ministères des Finances, qui encadrent la mise en œuvre pratique et peuvent être remis en question. Et, au cas par cas, ce n'est pas la lettre, ni même l'esprit des textes qui s'impose, mais également les rapports de force. *In fine*, ce sont les décisions mêmes du Conseil ou de la Commission qui pourraient être attaquées devant la Cour de justice européenne.

Une bataille politique est donc possible sans changer les traités. Encore faut-il la mener. Et la mener au nom d'un dessein incontestable, retenu par le traité lui-même en son article 3 [1], celui de la transition écologique nécessaire pour garantir la soutenabilité du développement de l'Union.

La Commission et le Conseil disposent d'une marge de flexibilité pour évaluer les budgets des États membres. Dans les deux, trois paragraphes suivants, il va malheureusement être nécessaire d'aborder un peu la technique utilisée par les instances européennes. Ce qu'il faut retenir, outre le manque de transparence dû à la technicité même de la méthode, c'est le degré d'arbitraire qui persiste dans ces méthodes d'évaluation, ainsi que leur caractère comptable. Elles ne tiennent compte

1. L'article 3 des traités rappelle que l'Union européenne « œuvre pour le développement durable de l'Europe fondé sur une croissance économique équilibrée et sur la stabilité des prix, une économie sociale de marché hautement compétitive, qui tend au plein-emploi et au progrès social, et un niveau élevé de protection et d'amélioration de la qualité de l'environnement ».

– ou alors de façon très lacunaire – ni de facteurs pertinents comme l'impact positif ou négatif d'un investissement sur le réchauffement climatique, ni de la durée de cet impact, qui justifierait que l'on étale l'amortissement sur plusieurs années (pour les impacts positifs), ni du niveau des taux d'intérêt, lequel en bonne gestion est décisif pour investir ou non.

Ainsi, selon les clauses, « réformes structurelles » ou « investissement public », une déviation temporaire de la trajectoire imposée au déficit peut être autorisée si des dépenses supplémentaires à court terme sont la conséquence de ces réformes ou investissements et si elles ont un impact durable sur les finances publiques, soit directement, soit en renforçant la croissance potentielle. Le vade-mecum du PSC [1] mentionne les réformes d'assurances sociales, de santé, de retraite, des administrations publiques, tout en reconnaissant les difficultés objectives à appréhender l'impact des réformes ou des investissements. Ne faut-il pas argumenter que des dépenses d'aide à la transition, liées à des réformes d'une autre nature comme le durcissement de normes environnementales, méritent d'être prises en priorité en considération ? De même, pour les investissements qui réduisent les émissions de GES de la France sans nécessairement renforcer arithmétiquement la croissance potentielle, mais qui peuvent contribuer à limiter les risques qui pèsent sur elle, du fait des conséquences du changement climatique ?

1. *Vade Mecum on the Stability and Growth Pact*, Commission européenne, 2018.

Les traités sont clairs. Il n'est pas possible de dépasser les 3 % de déficit public « à moins que le dépassement de la valeur de référence ne soit qu'exceptionnel et temporaire ». Cette notion est ensuite précisée dans les règles budgétaires : « Le dépassement [...] est considéré comme exceptionnel [...] s'il résulte d'une circonstance inhabituelle indépendante de la volonté de l'État membre concerné et ayant des effets sensibles sur la situation financière des administrations publiques [...]. » Difficile d'imaginer que cette notion ne puisse s'appliquer alors que l'accélération du dérèglement climatique et de ses impacts est devenue visible à l'œil nu et ne concerne plus seulement les générations futures mais aussi bien présentes. Ne faut-il pas mettre au moins sur le même plan les dépenses qui feront faire des économies aux générations futures, voire présentes, sous forme de catastrophes naturelles ou de dépenses d'adaptation évitées ?

La nécessité de lisser dans le temps l'impact d'un surcroît de dépenses comme nous le proposons est – il faut le souligner – reconnu en deux occurrences. Premièrement, une déviation temporaire de la trajectoire au titre des clauses de flexibilité peut (et doit) être résorbée en quatre ans. D'autre part, dans le calcul des dépenses pertinentes pour évaluer la déviation du déficit de son orientation, une moyenne sur trois ans des dépenses d'investissement peut être prise en compte pour éviter des dépassements ne résultant que de la temporalité d'un investissement particulier.

Comme on le voit, il existe toute une batterie d'arguments – en creusant un peu on en trouverait d'autres – pour mettre à plat les pratiques actuelles afin d'accélérer une transition écologique et solidaire sans mettre en danger la stabilité économique et financière.

L'Europe l'a déjà fait

Face au constat de la baisse préoccupante des investissements publics et privés en Europe, la Commission européenne a déjà prouvé sa capacité à innover. En 2015, elle a ainsi offert de ne pas prendre en compte dans le calcul du déficit les éventuelles contributions nationales au plan d'investissement pour l'Europe – ou plan Juncker – qu'elle venait de lancer [1]. En résumé, la Commission s'engageait à ne pas tenir compte de ces dépenses publiques d'investissement pour déterminer si l'État concerné observait bien la ligne de ses engagements budgétaires.

Mais, si la Commission a prouvé qu'il existait une marge, force est de constater que celle-ci n'a pas été utilisée. Aucun État membre n'a souhaité participer à l'effort commun. Difficile à comprendre si nous ne regardons pas en face l'état de dépérissement de l'esprit européen. L'absence de contributions nationales peut en effet s'expliquer par l'obsession grandissante des États européens envers l'écart entre leur contribution

1. Voir Communication (COM/2015/012): *Utiliser au mieux la flexibilité offerte par les règles existantes du pacte de stabilité et de croissance* et *Commonly agreed position on Flexibility in the Stability and Growth Pact*, adoptée par le Conseil ECOFIN du 12 février 2016.

aux budgets européens et les retours directs dans leur espace national. Personne n'a voulu participer car nul n'était certain de ce qu'il allait recevoir en retour. Ce sentiment a probablement été renforcé par l'absence de vision du plan Juncker. Conçu pour relancer la machine économique à tout prix, il n'a pas défini de réel programme industriel ou politique. Pas étonnant par ailleurs que le bilan écologique du plan Juncker soit plus que restreint.

Profiter d'une dette qui désendette

La bonne nouvelle est que, pour la zone euro prise dans son ensemble, le taux d'endettement est en train de se réduire mécaniquement depuis 2015 à la vitesse d'un point de pourcentage du PIB par an. Depuis 2017, ce phénomène s'est même accéléré dans presque tous les pays européens. Il ne faut pas en remercier les politiques de rigueur budgétaire mais bien l'évolution des taux d'intérêt auxquels les principaux pays européens peuvent emprunter, largement due à la politique dite « non-conventionnelle » de la BCE, qui a inondé les banques et les institutions financières de liquidités et a exercé une très forte pression à la baisse desdits taux d'intérêt. Ils sont tellement faibles que le poids du remboursement des intérêts de la dette (la charge de la dette) a fortement diminué et qu'il est aujourd'hui inférieur à la hausse du PIB. La Banque de France table sur une charge de la dette de 32,5 milliards d'euros en 2021, contre près de 42 milliards actuellement et plus de 55 milliards en 2011.

Et de fait, les titres de dette publique, notamment française, sont toujours placés très facilement à taux très bas, voire négatifs. Le gouvernement français, qui va devoir de toute façon emprunter 200 milliards d'euros en 2019, peut compter sur un taux négatif à court terme, de 0,6 % à dix ans et de 1,6 % à trente ans. C'est bien dans ce type de situation qu'il faut investir : les marchés nous rémunèrent, à court terme et même à dix ans quand nous nous endettons (car à dix ans l'inflation moyenne est très certainement supérieure à 0,6 %...).

L'argument souvent avancé de la défiance des investisseurs envers les pays « fortement endettés » apparaît plus que jamais discutable. Au contraire, il est à parier que des investissements massifs dans la transition écologique seront perçus comme des choix d'avenir à un moment où la dimension climatique fait doucement son entrée sur les places de marché.

Agir sans attendre !

Le retard à l'allumage ne fait que renforcer l'urgence à agir. Et, puisqu'il est possible d'agir dans les traités, pourquoi attendre ?

Agir pour provoquer une réaction collective

Au regard des options qui s'offrent à nous, deux alternatives se dessinent. L'une, dans le prolongement de décennies de construction européenne, s'évertuera à rassembler les bonnes volontés à travers l'Europe pour ensemble mettre sur la table des discussions une proposition de transformation. L'approche est séduisante et correspond à l'esprit européen. Mais elle fait fi d'une réalité : la volonté de faire entrer l'Europe dans sa transition écologique est trop fragile parmi les dirigeants actuels de l'Europe. S'il faut demander l'autorisation pour agir, le risque est grand d'attendre encore longtemps.

C'est pourquoi nous proposons une autre approche, moins orthodoxe. Agir à partir d'un pays – ou de plusieurs – pour amener les autres à en faire autant. Agir et négocier en même temps, de préférence à plusieurs pays volontaires dès le début, seul s'il le faut. L'approche paraît inhabituelle pour des pro-européens. Mais si nous suggérons de mettre un coup de pied dans la fourmilière, c'est que nous sommes convaincus que la période s'y prête. Remettez en question les règles budgétaires pour financer une augmentation du niveau des retraites des Français et vous provoquerez une opposition ferme de la plupart des dirigeants européens, mais aussi et surtout des opinions publiques. Faites-le pour lutter contre le dérèglement climatique, il est alors probable que la réaction sera bien différente car les opinions publiques, sans être unanimes, pourraient s'avérer majoritairement ouvertes à l'idée et inciter leurs dirigeants à les suivre.

Des cartes politiques rebattues par l'urgence climatique

Et pour cause : la concrétisation du changement climatique et le ras-le-bol grandissant face aux excès de la société de consommation rebattent les cartes politiques. Alors que les amis de Le Pen remportent des victoires évidentes, la demande de transition écologique impacte aussi la scène politique. Ces dernières semaines, les grèves de collégiens et de lycéens, en soutien à la lutte contre le dérèglement du climat, ont pris de l'ampleur. Le mouvement lancé par la jeune suédoise Greta Thunberg s'est répandu à travers les villes d'Europe avec l'appui tangible des autres générations qui pour une fois peut-être comprennent les exigences de leurs enfants et petits-enfants.

Mais pour bien appréhender le basculement qui s'opère, il est utile de s'arrêter sur deux pays en particulier. L'Allemagne et les Pays-Bas ont marqué l'Europe des dix dernières années par leur intransigeance en matière budgétaire. Le dernier acte en est la riposte organisée contre les propositions d'Emmanuel Macron pour le renforcement, notamment budgétaire, de la zone euro. Le président français demandait que les pays qui partagent une même monnaie puissent disposer d'une capacité budgétaire pour compenser les déséquilibres entre pays et pour relancer l'économie européenne en cas de difficulté. Jouant les rôles de *good cop* (l'Allemagne) et de *bad cop* [1] (les Pays-Bas), les deux pays ont su ruiner les ambitions françaises, remportant une nouvelle fois la bataille qui oppose depuis dix ans les bons et les mauvais élèves de l'Europe.

Mais quand vient à se poser la question écologique, l'équilibre des forces se modifie. Aux élections européennes le parti écologique est en passe de confirmer

1. Bon policier / mauvais policier.

son nouveau statut de second parti d'Allemagne. Voici quelques semaines, une pétition réclamant un plan de lutte pour sauver la biodiversité recueillait en quelques jours plus de 1,8 million de signatures, obligeant le gouvernement allemand à travailler à un projet de loi inédit. Aux Pays-Bas, en 2016 les écologistes ont créé la surprise aux élections législatives, aux dépens de l'extrême droite. En 2017, les électeurs les plaçaient pour la première fois à la tête des principales villes du pays, à commencer par Amsterdam et Rotterdam. C'est aussi aux Pays-Bas qu'a abouti l'un des tout premiers recours juridiques pour inaction climatique [1]. Ce n'est pas pour rien que, sur la scène européenne, ce pays est l'un des plus ambitieux.

Notre pari est donc relativement simple. En prenant les devants en matière d'investissements publics dans la transition, en assumant de questionner dans les actes le dogme budgétaire au regard de l'enjeu climatique, un pays, la France pourrait trouver dans les opinions publiques, jusque-là rétives aux initiatives « budgétaires », une compréhension et peut-être même un fort soutien.

Vers une Union de la transition écologique

Ce changement politique doit nous encourager à prendre des initiatives et non le contraire. Si la Commission européenne ou les autres gouvernements ne répondent pas présents, ils auront alors à justifier auprès de leurs propres opinons publiques leur décision de bloquer une initiative pour le climat. Agir sans

1. Recours qui a inspiré « l'Affaire du siècle » en France en décembre 2018.

attendre permet de mettre l'ensemble des dirigeants au pied du mur, non pour alimenter les oppositions, mais pour faire advenir un nouveau grand compromis européen. Ce qui fut le cas au nom de la paix et de la prospérité en 1957, il est possible de le réitérer pour le vivant et la survie de l'humanité en 2019.

En agissant vite nous augmentons nos chances de négocier la mise en place d'un cadre européen pour la transition accélérée du continent. Cette négociation pourrait porter sur trois actions clés.

La première évolution, simple et de bon sens, consiste à faire de la transition écologique et solidaire la priorité du Semestre européen, ce processus inconnu du grand public et qui mobilise tous les ans les États membres et le Parlement européen. Destiné à l'origine à coordonner et à encourager certaines réformes dans le domaine économique ou social, le Semestre européen maintiendrait dans la durée le rythme des transformations.

Plus audacieuse serait la constitution d'un véritable réseau de Banques du climat à travers l'Europe. Le terme, popularisé par l'énergique campagne du pacte finance-climat 2020, pourrait prendre une forme capable de faire agir de concert une Banque européenne d'investissement[1], qui tournerait enfin la page des énergies fossiles, et un réseau de banques publiques nationales présentes « physiquement » sur tous les territoires

1. Il ne s'agit pas nécessairement de créer une filiale climat de la BEI; il s'agit surtout de renforcer sa contribution aux financements favorables au climat et de défavoriser les autres.

d'Europe, au plus près des projets et des diverses réalités. Ce nouveau pôle bancaire public[1] aurait la faculté d'orienter massivement, par des prêts, ou des prises de participations, des investissements privés là où ils ne vont pas spontanément, permettant par la même occasion de les détourner d'activités spéculatives qui menacent la stabilité financière de la planète. Il utiliserait des méthodes rigoureuses pour mieux « compter ce qui compte », le valoriser et le financer plutôt que de poursuivre dans la voie actuelle. La bonne nouvelle, c'est que ce virage est en train d'être amorcé et que ces méthodes inédites sont quasiment au point.

Enfin, nous pourrions espérer une réforme des traités européens. Si, comme nous l'avons montré, il est possible d'agir, une transformation plus profonde lèverait tous les obstacles à la transition écologique du continent. Une évolution des traités marquerait, avec la fin de l'unanimité sur les questions fiscales, un coup d'arrêt à l'activité des paradis fiscaux au sein de l'Union européenne. La réécriture des textes fondateurs placerait en outre la bataille climatique au cœur du mandat d'institutions clés, au premier rang desquelles la Banque centrale européenne, qui hésite encore à se mettre au service de la transition écologique, alors même que le dérèglement climatique menace les équilibres financiers.

1. Un rapport français récent (signé par Messieurs Cafin et Zaouati) a proposé la création de France Transition qui va tout-à-fait dans le sens de notre propos. À nouveau il ne s'agit pas de créer une nouvelle structure.

PARTIE 3

METTRE BERCY AU SERVICE DE LA TRANSITION ÉCOLOGIQUE

Le ministère du Budget n'est pas le premier défenseur de la transition écologique. Si parfois ses plus inventifs représentants y trouvent un moyen de financer d'autres priorités politiques – pensons à l'utilisation controversée des recettes de la taxe carbone version « Hollande-Macron » –, force est de constater que le plus dur reste à faire pour mettre Bercy au service de ce grand projet commun qu'est la préservation du vivant.

Pour convaincre les opinions publiques européennes

Ce qui distingue une proposition européenne d'une proposition franco-française réside probablement dans l'énergie qui est mise à convaincre les autres Européens. Ainsi, si la proposition que nous formulons – libérer les investissements verts – peut être mise en place sans attendre par un seul pays, elle a pour vocation d'entraîner l'ensemble de l'Union européenne hors du cercle vicieux du désinvestissement public. De ce fait, il n'est pas possible de se contenter de dire « Faisons-le et advienne que pourra ». Il faut aller au-delà de la proposition et réfléchir aux conditions d'un virage européen sur la question des investissements verts. Car, si les opinions publiques européennes expriment une attente grandissante en matière écologique, la suspicion continue de diviser les Européens entre eux.

Agir en transparence

À l'instant même où un pays décidera de pratiquer une autre comptabilité des investissements verts, il sera accusé de vouloir contourner purement et simplement les règles européennes. Il faut dire que, dans de nombreux domaines, les États européens ont pris l'habitude des mauvais coups portés aux voisins. Le domaine de la fiscalité des multinationales en est à coup sûr l'exemple le plus patent, chaque pays tentant de développer son petit avantage compétitif, quitte à s'éloigner des textes et de l'esprit des règles communes.

C'est pourquoi, à l'opposé des réflexes habituels, nous exhortons à agir en pleine transparence, non seulement à destination des chancelleries européennes ou des grands investisseurs mondiaux, mais aussi et surtout à destination des citoyens européens. Parce que nous proposons de prendre un virage européen pour le climat, il est normal que chaque pays rende des comptes sur la manière dont il participe à la tâche.

La transparence repose sur un accès clair, précis et multilingue à la réalité des investissements qui seraient alors amortis dans le budget de l'État. Chaque année le projet de loi de finances (PLF) serait accompagné d'un document budgétaire présentant les engagements pris et l'impact dans la durée sur les finances publiques.

Par souci de crédibilité et pour développer une approche commune de présentation et d'évaluation, il pourrait être confié à la Cour des comptes européenne, structure indépendante, la mission de suivre, contrôler et évaluer ces investissements publics dans la transition.

Un rapport exigeant aux investissements dans la transition écologique

Il faut assumer cet effort de transparence et d'évaluation car il correspond à un moment de redéfinition du rôle des investissements publics. Nous avons déjà présenté les raisons légales qui ont conduit à un dénigrement de l'investissement public. S'ajoute un élément de philosophie politique lié à la crise de la social-démocratie européenne. Dès lors que la croissance du PIB est devenue l'alpha et l'omega de la réussite des politiques publiques, même de « gauche », les investissements publics n'ont plus été considérés, depuis le sommet de l'État, que comme un moyen de produire de la croissance, quitte à investir dans tout et dans n'importe quoi. L'absence d'objectifs clairs dans le plan Juncker ou l'obstination autour de l'aéroport de Notre-Dame-des-Landes sont deux exemples de dérives de cette conception sans conviction des investissements publics.

Si l'on pose la question des investissements dans la transition écologique, l'objectif n'est plus l'évolution d'un indicateur périmé, mais, très concrètement, la réduction de l'impact de l'humanité sur les grands équilibres planétaires. L'urgence du résultat construit un rapport renouvelé et exigeant à l'investissement public.

Pas pour faire plaisir à quelques comptables, mais parce que nous n'avons pas d'autre choix que de transformer le réel. Mine de rien, il s'agit là d'un point de réconciliation entre les Européens, entre les sérieux et les moins sérieux.

Bercy doit réapprendre à compter

Nous n'aimons pas payer d'impôts même si nous apprécions les services publics rendus (les crèches et les écoles, les routes, les transports publics, les hôpitaux, la justice, la police) et même si nous nous félicitons d'être protégés face aux aléas de la vie par l'assurance-maladie, l'assurance chômage ou vieillesse.

Le discours mille fois répété que la France dépense plus qu'elle ne gagne et vit au-dessus de ses moyens est séduisant. Qui pourrait se le permettre ? En tous les cas aucun de nous. Nous ne pouvons dépenser durablement plus que ce que nous gagnons. Sauf que l'État n'est pas une famille. Il est de toute autre nature.

L'État n'est pas un ménage comme les autres

Ce raisonnement simple, et simpliste à l'échelle d'un pays, est à la base des méthodes qui visent à rationaliser les dépenses publiques et à les limiter, voire à les réduire, en commençant par tenter de juger de leur intérêt. Il est indiscutablement légitime, et tout particulièrement en démocratie, que ces dépenses soient justifiées et qu'elles soient aussi « efficaces » que possible. Nous ne souhaitons ni qu'elles soient gaspillées en « éléphants blancs [1] » ni qu'elles servent les intérêts électoraux de tel ou tel élu ; nous ne souhaitons pas plus qu'elles soient détournées au profit d'intérêts catégoriels.

L'État a cependant un statut spécifique : c'est un acteur macroéconomique. Il est l'équivalent de l'ensemble des ménages ou de l'ensemble des entreprises. Imaginons une crise financière majeure qui plonge un pays dans la récession. Les ménages arrêtent de consommer et d'investir et augmentent leur épargne pour voir venir. Les entreprises, anticipant la réduction de leurs carnets de commandes, cessent d'investir et attendent des jours meilleurs. Mais si la majorité des acteurs économiques adoptent cette attitude, rationnelle à titre individuel, le pays plonge dans une spirale déflationniste et de récession. Les jours meilleurs ne viennent pas. Le seul acteur à pouvoir inverser le mouvement c'est l'acteur public, en agissant à contre-courant. Il peut amortir les impacts économiques et sociaux

1. Un éléphant blanc est une réalisation qui a coûté très cher mais dont l'utilité est faible.

sur les ménages (c'est justement le rôle de « stabilisateur automatique » de la protection sociale) en relançant la machine économique *via* des programmes d'investissements massifs. L'État a la capacité de dépenser plus que ses recettes, puisque, nous le rappelons, si un État peut faire défaut, il ne peut pas faire faillite.

Cette capacité peut être utile, voire indispensable, dans maintes situations : s'il faut faire face à des circonstances exceptionnelles, par exemple une guerre ou un danger collectif majeur ; cela a été le cas lors de la crise financière de 2008. C'est ostensiblement le cas aujourd'hui face à l'insuffisance caractérisée d'investissements publics et privés dans un contexte de sous-emploi massif, de détresse sociale et de manque avéré d'ambition collective partagée, et face à la tragédie écologique annoncée si nous ne faisons rien. Si l'économie entre en récession ; il est bien démontré que les dépenses publiques ont un effet positif sur la conjoncture quand elle n'est pas bonne (on parle d'action contracyclique de l'"État). C'est le cas aujourd'hui avec des perspectives économiques pour le moins peu reluisantes.

Mais, à ce stade, il convient surtout d'analyser la manière dont il faudrait définir ce qu'est une dépense publique « efficace », par contraste avec ce qui se pratique aujourd'hui.

Ce qui compte vraiment

Avant de plonger au cœur de cette question, un petit détour s'impose par le « logiciel » de nos responsables comptables et financiers, dont l'influence est considérable sur les dirigeants politiques. À leurs yeux, seul importe ce qui est compté, et ce qui est compté est issu des comptabilités qui jaugent les dépenses et les revenus des uns et des autres... Apparemment tout cela semble empreint d'un solide bon sens. Sauf que cela conduit à construire un indicateur d'activité marchande, le PIB, et à le faire passer pour un indicateur de santé sociale et économique, ce qu'il n'est pas. Le PIB ne dit rien des activités gratuites (les associations sportives ou amicales, le bénévolat, l'éducation familiale des enfants, les travaux domestiques, la prise en charge de nos parents), pourtant si importantes pour le lien social et le sens de la vie de toutes les personnes, parmi lesquelles de nombreux retraités. Il n'envisage ni la qualité de la vie ni la justice sociale (les inégalités lui demeurent invisibles), il ne se préoccupe ni de la destruction de la nature (une marée noire crée du PIB par les activités de dépollution qu'elle implique) ni des déséquilibres globaux tels que le dérèglement climatique (les multinationales des énergies fossiles contribuent significativement au PIB) ; bref, le PIB ne compte pas ce qui, pour beaucoup, compte vraiment.

Cela induit Bercy à ignorer ou à regarder avec condescendance les travaux et les lois (comme en France la loi Sas[1], promulguée en 2015) qui proposent

1. Loi sur la prise en compte des nouveaux indicateurs de richesse dans la définition et l'évaluation des politiques publiques, proposée par Mme Éva Sas, députée écologiste.

ou imposent d'examiner d'autres indicateurs sociaux, écologiques et économiques, ou bien encore le tableau de suivi de l'atteinte des objectifs de développement durable, conformément à l'engagement international de la France pris en 2015, produit par le ministère méprisé de la Transition écologique et solidaire. Cela amène Bercy à s'intéresser aux ratios fétiches du traité européen, déficit et dette publics rapportés au PIB, sans s'intéresser à des indicateurs qui reflètent bien mieux la santé sociale et écologique du pays ; mais aussi sa santé économique. Comment croire à la réussite à terme de notre agriculture, à notre capacité à nous passer du pétrole (en misant donc nécessairement sur la biomasse) si nous ne prenons pas soin de nos sols, de nos rivières, de nos forêts et de notre climat ? Comment croire que la France ne sera pas durablement affaiblie par sa dépendance au pétrole et au gaz entièrement importés ? Comment est-il possible d'appréhender la santé de notre économie sans tenir compte des dettes privées, bien plus importantes et problématiques que les dettes publiques ?

En résumé, c'est toute cette logique comptable qu'il faut revoir en profondeur. Mais venons-en aux dépenses publiques.

Les dépenses publiques peuvent-elles être rentables ?

Le modèle actuel de raisonnement consiste à réduire ou à « rentabiliser » au maximum toutes les dépenses. C'est ce que recommande l'école du *new public management*[1] (de la « nouvelle gestion publique »). C'est aussi ce qui fonde le grand projet de réduction des dépenses publiques, CAP 22[2], qui guide l'action de ce gouvernement dans le cadre de ce quinquennat. Est-ce une bonne idée ?

Réaffirmons ici que nous ne discutons pas de l'opportunité d'améliorer les modes actuels de gestion publique. Et confirmons que nous comprenons bien l'intérêt de certaines des mesures proposées, qui visent à un meilleur emploi de l'argent public. Mais nous arguons du fait qu'un tel mode de raisonnement détruit l'investissement, donc l'avenir.

Une entreprise qui veut investir se livre à un calcul de rentabilité de l'investissement qu'elle envisage en comparant les dépenses auxquelles procéder aux recettes et / ou aux économies futures générées par ledit investissement. En particulier, un investissement de productivité tend, toutes choses égales par ailleurs, à remplacer de la main-d'œuvre par des machines moins « coûteuses ». Le calcul économique[3] vise à s'assurer que c'est bien le cas, et que cette substitution aille assez

1. Voir : Vezinat, N., « Le Crépuscule des services publics », *La Vie des idées*, 26 février 2019, ISSN : 2105-3030, https://laviedesidees.fr/Le-crepuscule-des-services-publics.html

2. Voir : https://fichiers.acteurspublics.com/redac/pdf/20_07_2018_12_52_59Rapport_CAP22.pdf

3. Ce calcul est effectué en donnant une valeur au temps (une dépense ou une recette demain compte un peu moins qu'aujourd'hui), *via* un taux d'actualisation. Pour les grandes entreprises, il est souvent compris entre 8 % et 12 %. Pour l'État, il est égal à 4 %. Dans tous les cas, cet usage pénalise l'avenir et rend myopes les dirigeants privés et publics. Il contribue à ce que Mark Carney, gouverneur de la Banque d'Angleterre, a appelé « la tragédie des horizons ».

vite pour rentabiliser l'investissement, eu égard aux exigences de retour sur investissement de l'entreprise, déterminées par les actionnaires et souvent considérables quand elle est cotée en Bourse.

Notons tout d'abord qu'un dirigeant dans le secteur privé se cantonne rarement à un tel calcul. D'autres facteurs plus qualitatifs et intuitifs sont appréciés, notamment relatifs aux chances de succès de tel ou tel projet, qui dépendent de multiples paramètres impossibles à mettre en équation. Concernant le sujet central de ce livre, les risques liés au changement climatique commencent d'ailleurs à être pris en compte dans la décision privée, même s'ils ne peuvent faire l'objet d'une monétarisation.

Pour le secteur public, un premier calcul consisterait à suivre un raisonnement similaire pour une dépense donnée. Mais, à l'évidence, ce raisonnement peut entraîner des décisions aberrantes. Faudrait-il fermer toutes les écoles au motif qu'elles ne génèrent pas de recettes ? Faut-il vraiment regrouper les hôpitaux pour en limiter le coût ? Comme l'exprime très bien la sociologue Nadège Vezinat dans son essai intitulé « Le Crépuscule des services publics » : « Les “groupements hospitaliers de territoire” (GHT) instaurés depuis 2016 consistent à regrouper les hôpitaux français en 135 GHT dont la taille varie de 2 à 20 établissements. Les fermetures des petites maternités, celle du Blanc dans l'Indre par exemple, relèvent également de cette logique de concentration qui participe à une relégation d'une partie du territoire et donne le sentiment d'abandon à des franges de populations qui perdent leurs bureaux de poste, voient leurs écoles et hôpitaux s'éloigner, les sous-préfectures fermer et / ou être remplacées par des maisons de l'État ou des maisons de services au public (MdE ou MSAP). »

En France, la gratuité de nombreux services publics implique nécessairement qu'ils soient « déficitaires » et ne génèrent pas de recettes qui couvrent directement ce qu'ils coûtent. Ce sont les recettes fiscales dans leur ensemble qui sont utilisées pour les financer. N'est-il pas franchement absurde de négliger ce qui ne se mesure pas (lien social, présence et attractivité territoriale, qualité des services rendus), le service public ne se vide-t-il pas de son sens premier et essentiel ?

Plus sophistiqué, le *new public management* cherche à améliorer la productivité des dépenses. Par exemple des soins accordés aux patients dans les hôpitaux. C'est naturellement contradictoire : le besoin principal d'une personne en souffrance physique ou morale est l'attention et le temps qui lui sont accordés. Qu'à cela ne tienne, la logique budgétaire est intraitable et l'on voit la qualité des soins se dégrader à mesure que le personnel soignant est soumis à des objectifs de rentabilité à l'acte, améliorant ainsi la gestion des dépenses de santé...

Pour aller encore plus loin, il est possible de figurer ces recettes absentes par une évaluation monétaire des bienfaits attendus de la dépense : ce que les économistes appellent ses bénéfices socio-économiques. Citons l'exemple d'une nouvelle autoroute qui permettrait de détourner une partie du trafic d'une route nationale : à ses bénéfices, qui résident en la réduction du nombre de blessés, voire de morts, et dans le temps gagné par les automobilistes, on va attribuer une valeur monétaire au moyen de différentes méthodes. Cette approche est assez développée en France, dont l'administration bénéficie d'une culture d'ingénierie économique assez ancienne.

Cette méthode a trois intérêts théoriques majeurs : celui d'inciter à chiffrer de manière sérieuse et opposable, ce qui limite l'arbitraire de la décision politique ; celui d'ouvrir une négociation entre les parties prenantes au projet, en explicitant ses avantages et ses coûts ; celui, enfin, d'inciter à construire des alternatives. Ce calcul est en effet assez pertinent pour comparer des solutions. Les mettre au jour justifie parfois d'abandonner un projet coûteux pour un autre aux bénéfices voisins mais à meilleur marché.

On retrouve ces intérêts théoriques dans le domaine de la santé, à l'occasion par exemple de l'autorisation de lancement d'un nouveau médicament : ses avantages (amélioration de sa capacité à soigner la maladie contre laquelle il serait prescrit) sont-ils objectivement supérieurs à ses inconvénients (surcoût éventuel pour la sécurité sociale qui va le rembourser, effets secondaires) ?

Aussi n'est-il pas souhaitable d'abandonner complètement ce type d'analyses. Il faut néanmoins prendre conscience de leurs importantes limites théoriques et pratiques.

Les deux limites fondamentales du calcul de rentabilité pour la transition écologique

Sur le plan théorique, la première difficulté, soulevée par l'économiste Nicolas Bouleau, que nous citons, est « d'attribuer des prix à des grandeurs qui ne sont pas commercialisées, en particulier, mais ce n'est pas la seule catégorie, en ce qui concerne les modifications de l'environnement. Les économistes ont proposé plusieurs méthodes dans le cadre de "l'économie néo-classique du bien-être", pour évaluer les impacts immatériels et les biens non marchands. [...] Le développement des sciences de l'environnement et de la sociologie de la décision publique ont montré à l'évidence que les décisions relatives aux zones urbaines sont d'une telle complexité que ces méthodes n'apportent quasiment rien et également que la perturbation des sites naturels et la gestion de l'eau nécessitaient des procédures décisionnelles beaucoup plus élaborées [1] ».

La deuxième est plus fondamentale : ces calculs s'opèrent en supposant que notre économie continue

1. Bouleau, N., « Une pensée devenue monde », *Esprit*, n° 359, novembre 2009, p. 130-146.

à croître sans limites ou, dit autrement, en présumant infinies les ressources naturelles. Dans l'hypothèse inverse, certains des gains attendus ne seront pas éternellement au rendez-vous. Pensons au temps que fait gagner une autoroute. À supposer que l'on sache évaluer la valeur moyenne du temps aujourd'hui pour les usagers de la route, quelle sera-t-elle demain ? Ne va-t-il pas falloir accepter une vie à un rythme plus lent, parce que moins coûteuse en énergie et moins émettrice de GES ?

En conséquence, ne faut-il pas adopter des règles plus strictes, sur la base des budgets carbone que l'État a définis pour les années à venir ? Ne faut-il pas tout simplement abandonner les projets qui ne réduisent pas les émissions de GES des activités concernées, ou dont les impacts sur la biodiversité sont manifestement hors de proportion ? Que l'on réfléchisse au projet d'exploitation minière d'une concession aurifère de l'ouest de la Guyane française, connu sous le nom de « Montagne d'or ».

Comme l'écrit l'économiste Claude Henry : « En 2010 déjà, le magazine *The Economist,* dont les préoccupations principales ne sont pas d'ordre écologique, avertissait : "Si la forêt amazonienne partait en fumée – un scénario qui n'est pas inconcevable avec un peu plus de défrichement et un peu plus de réchauffement – elle cracherait dans l'atmosphère l'équivalent de dix ans d'émissions résultant de la combustion de combustibles fossiles." Une marche à l'abîme s'il en est : cela nous ferait basculer sans retour dans un climat hostile. Considéré isolément, le projet Montagne d'or ne paraît pas à cet égard véritablement dangereux. Mais cela n'a pas de sens de le considérer isolément. Il serait en effet un maillon dans une chaîne de destructions à travers la forêt amazonienne tout entière : mines, barrages, défrichements légaux ou illégaux pour faire place au soja ou à l'élevage, appropriation du bois, incendies criminels pour faciliter certaines de ces opérations. À toutes ces entreprises de destruction et à ceux qui en sont responsables, l'opération Montagne d'or – sur le sol français et avec la bénédiction de l'État – apporterait une caution inestimable. Or les enjeux attachés à la conservation de la forêt amazonienne sont tels qu'il s'agit aujourd'hui d'un impératif catégorique, tel que le définit Emmanuel Kant dans *Critique de la raison pratique*. Un impératif catégorique n'autorise pas les compromis politiques habituels, il est incompatible avec les méthodes "coûts-avantages" d'évaluation, coutumières dans les études économiques. Rien qui le viole ne peut être tenu pour marginal. »

Sur le plan pratique, il n'est pas démontré que ces bilans socio-économiques soient bien agencés et bien pris en considération dans la décision publique. La remise en cause de Notre-Dame-des-Landes, suite à la médiation effectuée en 2018, résulte en partie de la révélation de graves erreurs parmi les calculs présentés dans le bilan proposé au débat public. Concernant la solution de rechange au nouvel aéroport, c'est-à-dire l'agrandissement de l'actuel, les coûts comme les nuisances, notamment sonores, étaient surévalués. Autre exemple : peut-on croire aux hypothèses de report du trafic de marchandises, toujours imaginées à ce jour pour la liaison TGV Lyon – Turin, alors qu'elles conditionnent fortement sa « rentabilité socio-économique » ?

Pour conclure, nous avons besoin de nouveaux outils de raisonnement face à la crise climatique et écologique que nous vivons. S'il nous faut limiter nos dépenses publiques parce que les arbres ne montent pas au ciel, ce ne peut être en dressant des bilans comptables reposant sur les conventions, les façons de calculer actuelles, aussi élaborées soient-elles.

LA VALEUR DE L'ACTION CLIMATIQUE

Concernant la prise en compte du changement climatique dans les décisions publiques et de la nécessité drastique de réduire les émissions de GES, la méthode consiste à calculer une valeur tutélaire du carbone (VTC) ou valeur de l'action pour le climat[1], et à intégrer dans le bilan socio-économique d'un investissement les coûts de GES induits valorisés avec cette VTC. Cette méthode a l'avantage, si elle est employée effectivement, d'obliger à calculer sérieusement ces émissions de GES, ce qui réduit ipso facto l'intérêt dudit projet du fait de cette valorisation (négative) de GES. L'inspecteur des finances Alain Quinet a conduit (en 2009 et en 2018) deux missions visant à calculer cette VTC.

1. Voir le rapport de la commission Quinet : https://www.strategie.gouv.fr/sites/strategie.gouv.fr/files/atoms/files/fs-2019-rapport-la-valeur-de-laction-pour-le-climat_0.pdf

Les chiffres retenus en 2019 pour cette valeur sont élevés. 250 euros la tonne de CO2 en 2030, croissant à près de 800 en 2050. Cela montre que nous allons devoir faire une transformation profonde de nos économies dans les prochaines années pour atteindre nos objectifs.

Mais le débat essentiel est le suivant: si cette valeur était retenue comme niveau de la taxe carbone (soit en 2030 un accroissement du prix du litre d'essence par rapport à aujourd'hui d'environ 50 c, puis un rehaussement de 2030 à 2050 d'environ 1,50 euro) celle-ci serait clairement inacceptable, socialement et économiquement.

Or le raisonnement généralement adopté à Bercy, c'est que le levier principal de la décarbonation de l'économie c'est la taxe carbone sans compensation; une fois ce prix installé dans l'économie, l'ensemble des acteurs suivront. Les investissements souhaitables se feront et il n'est alors nul besoin de faire jouer un autre rôle à la dépense publique. Envoyez les bonnes informations et les bonnes incitations, le marché fera le reste.

Cette vision est évidemment «hors-sol», comme nous le verrons plus loin.

Ramener la finance et les marchés sur Terre

Les Trente Glorieuses ont été l'heure triomphante de la planification centralisée, avec des institutions comme le Commissariat général au plan, la Datar[1], une administration dirigée par de puissants hauts fonctionnaires (que l'on se souvienne de la vitesse de décision et d'exécution du programme nucléaire en réponse au choc pétrolier), et de grandes entreprises publiques. Les mécanismes de financement comme le circuit du Trésor étaient eux aussi centralisés. Les banques étaient très encadrées, les marchés financiers réduits à la portion congrue ; ce fut néanmoins une période remarquable du point de vue des indicateurs économiques, considérés encore aujourd'hui comme des boussoles incontournables.

1. Délégation interministérielle à l'aménagement du territoire et à l'attractivité régionale.

Les marchés chargés de faire la loi

Les quarante dernières années sont marquées par le mouvement inverse. Il faut redonner le pouvoir aux marchés, supposés efficients. L'heure est à la libéralisation tous azimuts. Les gouvernements, suspectés d'être toujours la proie de tentations électoralistes, doivent être soumis au contrôle et à une possible sanction des marchés financiers. L'État doit se soumettre au jugement des marchés, supposés omniscients.

La méthode la plus directe est bien sûr de refuser tout financement monétaire (c'est le cadre du traité de Maastricht) et d'exposer les besoins de financement publics à la sanction des marchés. Un État mal géré verra le coût de sa dette s'envoler et devra bien prendre les mesures « qui s'imposent ». C'est ce qu'a vécu la Grèce, comme l'avaient vécu les pays d'Amérique du Sud dans les années 1980. Avec les résultats catastrophiques que l'on sait.

La perspective d'un basculement irréversible de notre civilisation rebat intégralement les cartes. Il n'est pas possible de croire que les marchés court-termistes peuvent assurer une anticipation convenable des impacts de la crise écologique majeure que nous vivons.

Ne pas tout miser sur le marché et la finance, même verdie

Le monde financier a brutalement pris conscience des risques liés au changement climatique. Mark Carney, gouverneur de la Banque centrale d'Angleterre et patron du Conseil de stabilité financière, qui réunit les argentiers et les régulateurs du G20, a prononcé en septembre 2015, au siège de la très influente banque Lloyd's, un discours historique en réponse à une question qui lui avait été posée officiellement quelques mois auparavant par les ministres des Finances du G20. Il y répond de manière claire : oui, les changements climatiques en cours sont une source de risques systémiques pour la finance. Mais cette indéniable prise de conscience se traduisit alors par des recommandations très limitées. Améliorons l'information relative à ces risques fournie par les entreprises, et la prise de décision du secteur financier sera adéquate. Il ne faut certes pas sous-estimer l'intérêt de cet appel. De nombreuses initiatives se sont ensuivies, dont les plus notables sont la création de la Task Force on Climate-related Financial Disclosures (TCFD), et au niveau européen le travail d'un High-Level Expert Group on Sustainable Finance (HLEG), permettant à la Commission européenne d'établir des directives. Mais il faut avouer qu'elles restent d'une ambition pour le moins modeste par rapport à la violence du diagnostic posé.

Pourquoi Mark Carney s'est-il limité à cette recommandation ? Parce que la majorité du monde financier croit à l'idée suivante : les marchés sont efficients[1], donc, s'ils sont bien informés et si les externalités,

1. De nombreux économistes ont montré que cette vision des marchés était empiriquement fausse; bornons-nous ici à citer Robert Shiller, qui a reçu le prix de la Banque de Suède en sciences économiques en mémoire d'Alfred Nobel, et son dernier livre traduit en français : *Faut-il avoir peur des bulles financières ? L'exubérance irrationnelle des marchés* », DeBoeck, 2016.

c'est-à-dire les impacts négatifs produits par l'activité économique, sont intégrées au bon prix, ils orientent correctement les capitaux. Donnez-moi de bonnes informations sur les risques et un bon prix au carbone et je vous sauve la planète.

Cette croyance dans l'efficience des marchés repose sur des hypothèses pour le moins osées sur le comportement des humains. Ses défenseurs postulent que les hommes et les femmes se comportent comme des *homo œconomicus*. Ce bipède curieux ne penserait qu'à son propre intérêt et n'agirait que pour l'optimiser sur toutes les échelles de temps, en intégrant toutes les informations dont il dispose. C'est, comme le dit le psychologue Jacques Lecomte[1], le portrait (un peu idéalisé) du ou de la psychopathe, que l'on rencontre heureusement rarement dans les organisations et qu'il est sage de fuir.

En réalité, il est largement insuffisant de fournir aux marchés les bonnes informations. Il faut vraiment s'atteler à la tâche de « verdir » la finance. En un mot, il s'agit de créer les incitations ou les obligations idoines pour qu'elle soit amenée à financer les projets « verts » et qu'elle cesse de financer les projets « bruns ».

Mais, au regard de l'urgence, nous ne pouvons miser sur le seul verdissement de la finance. La finalisation et la mise en œuvre des accords de Bâle III – qui ont défini les règles mondiales post-crise de 2008 – nous

1. Voir *La bonté humaine. Altruisme, empathie, générosité*. Odile Jacob. 2014.

rappellent que l'encadrement de la finance est un chantier de longue haleine.

Pas suffisamment d'investissements privés sans investissements et incitations publiques

Disons-le franchement, la finance privée n'a pas vocation à sauver le monde. Elle aura toujours besoin de dispositifs publics et tout particulièrement d'argent ou de garantie publics pour couvrir les risques qui ne ressortissent pas à sa vocation.

Car, aussi verte soit-elle, la finance ne peut « inventer » des projets ou des entreprises qui n'existent pas ; il faut bien des initiatives et des porteurs de projets, privés ou publics. En effet, si un projet privé naît, et qu'il a besoin de financements (en capital ou en dette), le financier sollicité aura comme premier réflexe de s'assurer que le porteur de projet y croit suffisamment pour y mettre de sa poche (ou de celle de ses proches). De la même manière, un projet conçu pour l'intérêt général devra, du point de vue d'un banquier ou d'un financier privé normalement constitué, être financé (ou un risque être porté, comme une garantie) en partie par le secteur public. Rien de plus logique. Chacun de nous réagirait pareillement.

Dès lors, inutile de tourner en rond. La transition écologique, qui est un projet d'intérêt général, peut certes rencontrer les intérêts privés ; elle ne pourra se passer de financements ou de garanties publics.

Un plan Marshall construit et mené depuis les territoires

NOUS NE RECOMMANDONS PAS ICI un retour à la planification administrée de l'après-guerre. Il n'est aujourd'hui ni possible ni opportun d'user de telles méthodes. Pas possible, car la défiance des citoyens envers les institutions centrales est devenue telle que tout plan centralisé serait rejeté, ou ferait l'objet de recours juridiques. Les procès d'intention, les soupçons de détournement de fonds, de favoritisme, de soumission aux lobbies... se multiplieraient.

Le centralisme contre la transition écologique

Mais surtout, une planification depuis quelques bureaux parisiens n'est pas souhaitable car la transition se joue sur le terrain. L'exécution de la rénovation des logements et des bâtiments ne peut se décider à Paris ;

celle des plans de transport est déléguée aux autorités compétentes. La révolution agricole se réalise dans les exploitations et avec les acteurs de terrain. Les multiples conséquences positives et négatives sur le plan de l'aménagement de l'espace (par exemple celles de l'arrêt de l'artificialisation des sols et de l'étalement urbain) doivent faire l'objet de concertations locales, sous peine de voir les blocages se multiplier.

Le mouvement qu'a entamé le pouvoir actuel sous la houlette d'Emmanuel Macron, justifié par des contraintes budgétaires, va dans le mauvais sens. La volonté de contrôler les dépenses a généré un mouvement de centralisation de l'impôt et des taxes. « Évitons les recettes locales – comme la taxe d'habitation – qui pourraient permettre des dépenses inconsidérées (aux yeux des "budgétaires"), écartons les redevances affectées (qui pourraient rendre permanentes des dépenses), supprimons les agences indépendantes ». Mais cette centralisation ne peut qu'éloigner encore plus le citoyen de ses dirigeants, accroître son incompréhension, son sentiment d'abandon, voire son désespoir ou sa colère.

Adopter un nouveau mode d'action publique

Nous avons besoin d'un cap clair : un monde bas carbone, respectant ainsi les accords de Paris, un monde qui répare les atteintes portées à la biodiversité, qui soigne ses ressources naturelles comme les forêts et les terres arables, préserve ses ressources hydriques et ne les gaspille pas inconsidérément. Un monde qui cesse de dilapider, qui se fonde sur une économie de ressources circulaire, qui réduit drastiquement ses émissions de GES. Un monde résilient face au changement climatique malheureusement en cours.

Sur le plan financier et économique nous avons besoin de régulations fortes et crédibles, qui soient associées à des réglementations et à de sérieux pouvoirs de sanction. Les marchés ne peuvent et ne pourront jamais donner le « la ». Ils doivent être les serviteurs de l'orientation définie souverainement par les citoyens et leurs élus. Dès lors, il appartient à l'Union Européenne et aux gouvernements nationaux de réguler le commerce international, les transferts internationaux de capitaux, dont la liberté est si dangereuse pour les démocraties, d'utiliser la panoplie d'outils adaptés pour que l'économie se transforme (normes et règlements, taxes, aides et accompagnements des transitions professionnelles et sociales).

Les mécanismes budgétaires que nous proposons rendent possible ce plan. Ils ne suffisent évidemment pas. Il faut des instruments de pilotage et de contrôle à plusieurs niveaux (national, régional et local) pour obvier à des erreurs liées à des décisions éloignées de leur point d'application et pour prévenir les vrais gaspillages : un projet qui n'est pas compris, qui s'oppose à la volonté de tout un territoire, c'est une dépense d'énergie inconséquente.

Il faut sans aucun doute lever de nombreux obstacles administratifs, qui rendent en France la réalisation de tout projet incroyablement longue et aléatoire et dès lors plus difficile à financer (le risque et l'aléa pèsent sur la rentabilité attendue des capitaux). Que notre formulation n'attise pas la joie de tous ceux qui voudraient y voir une volonté d'amoindrir des exigences sanitaires ou environnementales. En revanche, les obstacles prennent des formes divers, de la multiplicité des dispositifs complexes parfois destiné à empêcher les projets de petites ou moyennes tailles au profit des grands acteurs déjà établis (pensons à la rénovation des logements), en passant par les délais qu'imposent parfois le manque de formation des interlocuteurs ou la faiblesse des ressources humaines dédiées au suivi des projets.

Il faut mettre en place des critères clairs d'éligibilité aux projets à retenir en priorité. Le calcul socio-économique présenté ci-dessus est inadapté. Pour autant, il est nécessaire de s'assurer que les investissements financés sont bien ceux dont dépend la réussite de la transition. Ils doivent donc faire l'objet d'une évaluation de leur contribution et de leurs impacts : sont-ils bien de nature à réduire ou à éviter l'émission de GES, sont-ils économes en ressources, propres, améliorent-ils notre balance commerciale, créent-ils de l'emploi, etc. ?

Ces évaluations sont à notre portée. De gros progrès ont été accomplis dans les dernières années dans cette « métrologie ». En particulier les travaux lancés par la

Commission européenne suite aux recommandations du HLEG, évoqué plus haut, clarifient la « taxonomie » des activités en fonction de leur caractère plus ou moins bénéfique sur le plan écologique. En France, les obligations de transparence et d'information créées par l'article 173 de la loi de transition énergétique de 2015 et transposées dans le code commercial et dans le code monétaire et financier ont suscité le développement de méthodes visant à mesurer l'impact des entreprises sur le climat et à commencer à supputer celui du climat sur les entreprises.

Bercy, une nouvelle Bastille à prendre ?

Il faudra plus qu'une aimable discussion au coin du feu pour changer la philosophie qui règne entre les murs du ministère de Bercy. Les enjeux doctrinaux et de pouvoir sont bien trop considérables pour cette institution et ses gardiens. Faut-il rappeler que les élites financières passent de Bercy aux banques et aux institutions financières privées, qu'elles soignent donc, comme il est de bon goût, leurs futurs employeurs possibles ? Ce que les experts appellent la capture du régulateur par le régulé [1] n'est malheureusement pas une vue de l'esprit. Et visiblement les enjeux financiers liés à un éventuel encadrement des activités de ce petit monde ne sont pas marginaux.

1. Chavagneux, Christian, Philipponnat, Thierry: *La Capture: Où l'on verra comment les intérêts financiers ont pris le pas sur l'intérêt général et comment mettre fin à cette situation*, La Découverte, 2014.

Faire entrer l'écologie dans les universités et les grandes écoles

À l'évidence, la citadelle Bercy ne pliera pas spontanément. Les premières batailles sont académiques, culturelles et politiques ; la domination des dogmes néolibéraux s'appuie sur des revues académiques plus ou moins inféodées à cette représentation du monde. Les économistes issus de ce sérail sont encore largement écoutés, malgré les notoires limites de leur vision, aveugle en général à l'ampleur de la crise sociale et écologique. Il importe que des travaux alternatifs, de plus en plus solides, soient partagés dans tous les réseaux soucieux de l'avenir de la planète et surtout des conditions de vie sur la Terre ! Il est essentiel que les défenseurs de l'écologie comprennent les causes économiques et doctrinales des errements des politiques publiques à l'origine de l'incapacité à réagir avec l'ampleur et la vitesse désirables. Il importe également que les futurs dirigeants privés et publics reçoivent un enseignement économique entièrement régénéré, qui place les questions écologiques au cœur de l'économie et non à la périphérie.

Mais il est impossible d'attendre le renouvellement des générations. Il faut aussi faire évoluer dès maintenant les programmes politiques, en s'appuyant sur le mouvement de fond de l'opinion et notamment des jeunes en faveur du climat. En effet, l'écologie doit enfin trouver une place centrale dans l'exercice du pouvoir.

Installer le ministère de l'écologie à Bercy

Que pourrait faire un gouvernement acquis à la conviction d'une nécessaire remise en cause du mode de pensée qui nous gouverne depuis des décennies ? Que ferait-il concrètement face à la citadelle ? Changer les têtes ne suffirait probablement pas.

Plusieurs actions sont à mener. La première consisterait à installer le ministère de la Transition écologique et solidaire à Bercy. Et à subordonner la direction du Budget à ce ministère. Symboliquement, le lieu de pouvoir aura intégré la question centrale aujourd'hui, l'écologie, celle qui menace d'effondrement nos sociétés. Politiquement, le monde financier comprendra que son rôle est de servir l'économie réelle et tout particulièrement la transition écologique et solidaire. Techniquement, la logique comptable cessera de l'emporter sur les réalités physiques.

Un gouvernement de la transition écologique gagnerait à scinder la citadelle. Elle regroupe aujourd'hui le budget, l'économie, la finance. Et se concentre géographiquement sur les mêmes espaces parisiens, loin des territoires. Ne faut-il pas séparer géographiquement ces équipes, qui se retrouvent toutes à quelques minutes de l'Élysée par bateau sur la Seine ? Ne faut-il pas déplacer certains des services (comme les impôts) en région pour recréer un lien entre la technocratie et le peuple ? Pas facile à effectuer, quand on se souvient des difficultés à décentraliser les services de l'Institut national de la statistique et des études économiques (Insee).

Ensuite, il faut cesser d'introniser dans tous les cabinets ministériels (à des niveaux très élevés, de directeur de cabinet ou de directeur de cabinet adjoint) des anciens du Trésor, ce qui conduit à intégrer les raisonnements du Trésor à tous les niveaux.

Réintroduire le temps long dans le gouvernement

Ces réformes organisationnelles risqueraient de rencontrer l'opposition de Matignon si le Premier ministre n'était pas lui-même chargé avec le président des enjeux de moyen et long terme. Ne faut-il pas qu'il soit secondé par un vice-Premier ministre, chargé des affaires courantes ? Cela peut demander une réforme de la Constitution mais il est bien clair que la gouvernance de notre pays va devoir évoluer. Ce n'est donc pas un obstacle rédhibitoire.

Ici, rien que des options que nous apportons à la discussion. Mettre au pas l'idéologie court-termiste qui domine aujourd'hui ne sera pas une promenade de santé. Il faut s'en convaincre pour éviter de cruelles déceptions. Les ennemis à abattre ne sont ni la finance ni Bercy ; ce sont des habitudes de pensée, des modes de raisonnement qui nous ont fait perdre le nord. Retrouver notre bon sens va nécessiter des réformes en profondeur, dont nous n'avons esquissé que les possibles contours.

Quelques mots de conclusion

Nous espérons avoir convaincu notre lecteur de quelques idées simples et fortes. La lutte contre le changement climatique ne peut attendre, ni un homme nouveau ni de nouveaux modes de gouvernance idéaux. Nous pouvons et devons agir dès aujourd'hui en Europe et dans le cadre des traités existants. Nous avons proposé une piste assez simple visant à rendre possible la mise en œuvre accélérée des investissements publics et privés, absolument incontournables pour gagner cette bataille. Pour autant nous ne sommes pas naïfs. Il va falloir de profondes remises en cause. Comme l'a dit Albert Einstein : « Un problème créé ne peut être résolu en réfléchissant de la même manière qu'il a été créé. » Parmi les cadres intellectuels, les « paradigmes » à remettre en cause, nous suggérons d'attaquer celui qui règne à Bercy et ses équivalents dans les autres pays européens. Cette bataille-là, déterminante pour éviter une tragédie annoncée, est culturelle, institutionnelle et politique. Espérons qu'elle soit menée rapidement et que ces enjeux-là se placent au cœur des débats qui ne vont, on s'en doute, cesser de traverser notre pays et l'Europe dans son ensemble.

Table

PARTIE 2

CE PLAN QUE BERCY REFUSE D'ENVISAGER

PARTIE 3

METTRE BERCY AU SERVICE DE LA TRANSITION ÉCOLOGIQUE

FONDATION NICOLAS HULOT POUR LA NATURE ET L'HOMME

CRÉÉE EN 1990, la Fondation Nicolas Hulot pour la Nature et l'Homme est reconnue d'utilité publique, apolitique et non confessionnelle. Porteuse d'une vision renouvelée de la prospérité et du progrès, la Fondation est convaincue qu'il faut engager une métamorphose de nos sociétés vers des modèles basés sur la préservation du patrimoine naturel, l'accès équitable des ressources, la solidarité et le respect de la diversité sous toutes ses formes. Elle s'est donné pour mission d'engager la transition nécessaire pour y parvenir, en faisant émerger des solutions concrètes et en incitant au changement des comportements individuels et collectifs.

Son action s'articule autour de trois mots-clés :

SOUTENIR : Grâce à son réseau d'associations partenaires et à son alliance avec l'UNCPIE, elle soutient et valorise, en France comme à l'international, des initiatives porteuses d'avenir et encourage l'action de la jeunesse.

PROPOSER : avec ses experts pluri-disciplinaires et en lien avec son Conseil scientifique, la FNH mène des activités de lobbying d'intérêt général qui se traduisent par une veille sur les politiques publiques touchant aux enjeux écologiques, l'élaboration et le portage de propositions auprès des pouvoirs publics.

MOBILISER : Pour que chacun devienne moteur de la transition, la FNH élabore des campagnes de mobilisation citoyennes et construit des outils pour donner les moyens d'agir au quotidien.

ONG environnementale représentative, la Fondation siège dans plusieurs organismes consultatifs tels que le Conseil économique social et environnemental ou le Comité national de la transition écologique.

Depuis janvier 2019, la FNH est présidée par Alain Grandjean, docteur en économie de l'environnement, reconnu pour ses travaux en faveur de la transition écologique. Nicolas Hulot est désormais président d'honneur.

www.fnh.org

Si vous souhaitez être tenu informé des parutions
et de l'actualité des éditions Les Liens qui Libèrent,
visitez notre site :
http://www.editionslesliensquiliberent.fr

Achevé d'imprimer en avril 2019
par l'imprimerie Normandie Roto Impression S.A.S. à Lonrai
Dépôt légal : mai 2019
N° impr : 1901330
Imprimé en France